発達障害支援につなげる 包括的アセスメント

萩原 拓 [著]

金子書房

はじめに

　発達障害者支援法，特別支援教育，障害者差別解消法など発達障害の支援に関係する大きな動きは，過去15年ほどの間に立て続けに起こってきた。「個人のニーズ」「インクルーシブ教育」「合理的配慮」など，キーワードも頻出している。一般社会においてもインターネットなどのメディアを介して，発達障害に関連する診断名や日常生活における困難性については（正しくはどうかはともかく）広く知られるようになってきた。

　これらの動きは，発達障害当事者やその家族の生活にどのように影響しているのだろうか。さらに，「支援者」と括らせてもらうが，教育・福祉のサービス提供者にとっての影響はどうなのだろうか。

　この15年間は，本書の筆者にとっての日本におけるキャリアとほぼ重なっているのだが，現在に至るまで，「当事者の実態をどう捉えるのか」や「具体的にはどのように効果的な支援につなげるのか」などの質問や研修の要望は常に現場から上がってきている。おそらく発達障害支援のアウトカムは，発達障害を取り巻く世の中の動きがこれほど大きくなっているにも関わらず，当事者や家族はもちろん支援者にとっても未だ効果が実感できるほどのものではないのかもしれない。このことに関しての課題は無数に存在するであろうが，筆者としてはまず先に挙げたような根本的なニーズ，つまりアセスメントや支援に関する実践的情報の提供に努めたい。

　本書は「包括的アセスメント」を中心にそのコンセプトから具体的な実施および支援までのプロセスを，発達障害支援に携わるなるべく広い領域の機関で利用できることを目指してまとめたものである。そのアプローチは既存の同様なマニュアルとはやや異なる箇所があるかもしれない。それには筆者のバックグラウンドが影響している。

　筆者のこれまでのキャリアは，日本の発達障害関連の支援者の中ではい

ささか平均域を外れた教育および実践経験で形成されている。日本の大学で心理学科を卒業後，アメリカの大学院に入り，特別支援教育（Special Education）専攻で修士課程と博士課程を修了し，その後アメリカの大学で研究および教員養成の職を経てから日本に帰国して，現職に至った。アメリカと日本では現時点でそれぞれ 15 年前後，同じくらいの時間この領域に関わってきた。地域的にも文化的にも大きく移動してはいるが，キャリアを通して一貫しているのは，自閉スペクトラム症（ASD）をはじめとする発達障害の教育および支援である。

　筆者がアメリカで博士課程を終える頃，発達障害のアセスメントや支援に大きな転換期が訪れた。高機能 ASD の特性把握と教育・支援についての研究や実践が急激に活発となり，アメリカは世界に先んじてそれらに着手した国の一つであった。自身が目的を持って行動したというよりは，そのような時代の流れに巻き込まれて，現在につながる発達障害のアセスメントや支援の開発および実践プロセスに筆者は携わってきたのである。本書は筆者のこれまでの実践を踏まえて，支援につながる包括的アセスメントとしてまとめたものである。

　本文を読み進めていかれる前に，何点かお断りをさせていただきたい。まず，本書で述べているアセスメントのスタイルが，すべての支援機関で可能なわけではない。心理職や教職員，支援員など，支援に関わる方々それぞれの肩書も異なれば，同職でも専門や教育や養成を受けたバックグラウンドも異なるだろう。読者それぞれのスタイルや所属機関の実態に合わせて，使えそうなものを試していただければと思う。

　包括的アセスメントは，当事者およびその家族を中心に，発達障害支援に関わる複数の教育・福祉機関による共同作業を理想としている。つまり，本書で触れているアセスメントの全てを単独機関または単職種で実施するべきではない。さらには，検査や観察といった，アセスメントにおいてのデータ収集や分析を担わなくても，アセスメントから支援につながる過程においてチームとして加わる機関や支援者も当然存在する。そのよう

な支援者にとっても利用可能な情報を本書では含めたつもりである。

　最後のポイントであるが，本書では英語圏，いわゆる欧米の手法が素晴らしいので日本はもっと見習うべきだと言ってはいない。しかし，アメリカなどが発達障害関連のアセスメントや支援，また特別支援教育などの施策について日本よりもかなり前から実践的に取り組んでいるのは事実である。そこには当然，成功もあれば失敗もある。全てではないが筆者はその双方を経験してきたわけで，言うなれば「良いとこ取り」を本書では試みている。

　発達障害を取り巻く状況は，これからも大きな変遷を繰り返していくと思われる。アセスメントや支援手段も，状況に合わせて柔軟に調整されていくべきであり，効果的ではないやり方にいつまでも固執すべきではない。本書で紹介している内容がいつまで有効であるかは想像もつかないが，少なくとも現在，関連する支援者や機関にとってお役に立てる情報が少しでも見つかれば幸いである。

目　次

第3章 インフォーマル・アセスメントの意義と実践⋯⋯⋯42

第4章 **支援につながるアセスメント・データの分析**⋯⋯⋯78

第 1 章 支援における アセスメントの機能

連続しているアセスメント

　アセスメント（評価）を大まかに見れば，ある特定の対象についてデータ収集をし，そのデータをもとに分析をする作業と言えるかもしれない。アセスメントの内容は，医療や教育・福祉などの専門領域，対象となる人や物，環境などに応じて多種多様である。発達障害関連で一般的にアセスメントと言えば，医療機関での診断や学校園の入学・進級，福祉サービスの開始や更新，または全ての環境において特別支援が必要であるかを見極めるために実施されるものと思って良いのではないだろうか。しかし，発達障害のみに関わったことではないが，日常生活全般にわたる支援が必要なケースでは特定の日に検査をする以外にも，支援対象者の行動やふるまいの観察，家族などの関係者からの聞き取りなど，普段の生活においてのデータ収集や分析が必要となる。これらの方法を含めると，アセスメントは１日または数回で終わるイベントや，「季節もの」に限られるものではないかもしれない。

　また，データ収集の内容や方法もアセスメントを実施する機関によって実にさまざまである。ある機関では対象者およびその家族からの聞き取りが中心であったり，また一方の機関では，一つの標準化尺度，例えば知能検査を実施するのみであったりする。さらに，収集したデータの分析方法にもいろいろなスタイルがある。アセスメント実施者の経験にもとづいた解釈もあるだろうし，一つの標準化尺度の結果が詳細に分析された長大な報告書となる場合もある。

それぞれの機関で行われている発達障害関連のアセスメントに優劣をつけることは単純にはできないし，本書の意図するところではない。なぜならば，現時点では発達障害のアセスメント手順についての基準がないからである。別の言い方をすれば，最低限何を調べれば良いのか，また，どの程度まで解釈が必要なのか明確にされていない。少なくとも日本では，発達障害関連の支援の"具体的"ガイドラインは明示されていない。このガイドラインには当然アセスメントも含まれる。つまりわれわれは現在，伝統・慣習の踏襲から新規アプローチの試行錯誤まで実に幅広い曖昧さの中で発達障害のアセスメントを実施し，支援につないでいる。結果論として国内の発達障害支援に顕著な効果が見られるのならば，アセスメントも適切に実施されていると判断できるのであろうが，現状を見ればそのようにポジティヴな結論には至らない。

　さて，発達障害関連のアセスメントはいつ，どこで，どのように実施すべきなのであろうか。どのようなアセスメントにも結果を判断するプロセスは存在するだろうから，まず，医学的診断および教育・福祉的診断が必要な場合にアセスメントは必要だと言える。ここで言う医学的診断とは，医療機関において臨床的判断として，発達障害症状の有無を診断名によって明確にするアセスメントのプロセスである。今のところ，公的福祉サービスを得るためには医学的診断は原則不可欠と言わざるを得ないであろう。教育機関では教育的ニーズが認められたならば特別支援教育を実施可能であるが，未だに医学的診断がないと特別支援教育の措置に移行しない，またはそれが必要だと捉えているところもある。現在，発達障害に関して言えば多くの地域で長期の「診断待ち」となっている。発達障害特性を有する人々の増加やそれに見合っていない専門的医療機関の数も重要な要因であるが，診断名を得なければならない必要性がなぜ高いのか，診断名を得たことによってその先の支援に何のメリットがあるのかの検討は早急に必要だろう。

　一般的に，医学的診断がアセスメントの代表的なものと捉えられている

かもしれないが，教育・福祉的診断は，発達障害の支援においてもう一つの重要なアセスメントのプロセスである。教育や福祉でのアセスメントは，発達障害特性の存在を特定するというよりは，対象者の日常生活や教育において支援が必要かを明確にし，どのような支援アプローチが可能かを判断するために行われる。つまり，教育や福祉の支援環境では診断名の特定は原則必要ではない。

　2016年から施行されている障害者差別解消法をはじめから終わりまで熟読している支援者はそれほど多くないであろうが，合理的配慮が中核的キーワードとなっていることはおそらくその大多数が理解していると思う。合理的配慮は端的に言えば，特定の環境において障害となっている状態をなくす，または最大限軽減するための措置である。それをするために事前に自閉スペクトラム症などの診断名は必要ないし，また診断があったとしてもあまり意味はない。なぜならば，合理的配慮にはその環境で当事者が「どのような」障害を抱えているのかを特定することが必要なのであり，特性の個人差が大きい発達障害においては，障害の名前だけでは「個人のニーズに応える」支援にはつながりにくい。むしろ，診断名のみを基準とする合理的サービス提供には逆効果というリスクもより多く含まれるだろう。

　教育・福祉的診断は，まさにこの合理的配慮に関わるアセスメントであり，教育においては特別支援教育サービス，福祉においては日常生活や就労などの福祉的支援サービスにつながる。それらのサービスを受ける発達障害当事者それぞれに適した支援計画を立てるために，検査や観察によってさまざまなデータ収集をして，合理的配慮につながる支援手段を探るのが教育・福祉的診断のアセスメント・プロセスと言える。本書ではこの教育・福祉的なアセスメントを中心に進めていきたい。

　また本書ではすでに何回か「サービス」という言葉を使っているが，これは教育や福祉の提供はサービスであり，サービスを受ける立場は「コンシューマー」つまり消費者であるという考えに立っている。つまり，教育

や福祉機関は「やってあげる」立場で，当事者は「やってもらう」立場の図式ではない。また，「障害者を助けるのは使命である」というようなシンパシー的概念も意図的に含まない。本書ではあくまでもサービス提供者と消費者という関係を前提に，支援につながるアセスメントを実践的に考えていきたい。

　さて，その実践形態はさまざまであるが，教育・福祉機関では支援が必要な当事者を新たに迎える際には総合的なアセスメントをするのが一般的であろう。例えば，就学時健康診断で特別支援教育が必要な可能性が判明し，支援計画を策定するためにさらなるアセスメントが必要な場合や，学齢期以降では就労移行支援などの福祉サービスを始める時などである。すでに医療機関で診断を受けている場合には，そこでのアセスメント・データや所見などを利用することもできるが，「これからサービス提供をする機関において必要な」データが入手できているかに注意が必要である。

　ウェクスラー式知能検査は，おそらく世界的に最も用いられている発達障害関連のアセスメント・ツールの一つと言えるが，それぞれの支援機関が必要とする情報が知能検査結果のみから得られるわけではない。例えば，小学校1年生のある支援対象者の「学級参加」について支援計画を立てる場合を想定していただきたい。WISC-IV（Wechsler, 2003；日本版WISC-IV刊行委員会，2010）で得られた合成得点（全検査IQおよび4つの指標得点）の全てが平均域であった場合，これらのデータはこの支援計画にとって直接的に有益な情報ではないと思われる。「学級参加」への障害となっている要因として認知特性も多少は関わっているかもしれないが，むしろソーシャルスキルのレベルや質，こだわりの程度，感覚特異性の有無などについて十分な情報を得ることがこの支援テーマでは必要なのではないだろうか。

　さて，アセスメントによって支援計画が立てられたとしても，それでアセスメントの役割が完了するわけではない。支援はその支援計画に従って実施されるが，その支援が計画通り進行しているかどうかをチェックする

ためには，モニタリングのアセスメントが必要である。モニタリングではまとまった検査は通常行わないため，行動やふるまいに関しては観察，学習関連では観察に加えて小テストの実施などが中心になると思われる。つまり，支援実施中のデータ・サンプリングといった感じである。それらのデータは記述によるものが中心となるであろうが，できる限り数値データを取ることで，支援の有効性をより具体的に測定できる。例えば，授業中の適切および不適切発言の回数，1日の作業工程で指定された時間に自己確認を行った回数と割合，毎週金曜日に実施される漢字20問テスト結果といった数値データを，支援対象者の日常のふるまいに関する記述データと並行して収集していく。もし，対象者の行動や学習状態が支援計画で目標としているレベルに達していない，または支援開始前と比較しても変化が見られないような場合には，当然のことではあるが支援計画を修正・変更する必要がある。このプロセスもアセスメントの一環であり，支援において「何」が「どのように」対象者に影響しているのか，またはしていないのか，さらに支援効果を妨げる要因の存在を分析した上で支援の修正を行う。

　支援計画には多くの場合，短期目標と長期目標があるはずであり，それぞれに期間が定められていると思う。例えば，小学校2年生全期間の長期目標が，学期ごとの短期目標に細分化されているなどである。長期目標の期間が終わる時（例えば学年末），または個々の支援目標の達成度を調査するタイミング（例えば各学期末）でアセスメントが必要となる。このようなアセスメントは，アウトカム・アセスメントと呼ばれることもあり，主に支援の達成レベルや次の支援計画の策定に関わる分析がされる。

　これまで見てきたように，最初に支援計画を立てるための総合的アセスメント，モニタリングのアセスメント，そしてアウトカム・アセスメントは，「アセスメント＋支援」のような独立したプロセスの足し算ではなく，支援の一環としてアセスメントであることがわかる。つまり，支援をするならアセスメントを実施せざるを得ないのである。さらに，この支援

におけるアセスメントは循環する形で連続している（Hagiwara, Cook, & Simpson, 2007）。

　教育・福祉機関における発達障害支援の現状を見ると，アセスメントは初期の支援開始時に実施されている場合が多く，支援実施中や支援効果のアセスメントは十分でない印象を受ける。例えば年度で区切られた支援計画において，支援開始から年度末まで具体的な進捗がデータで測定されておらず，さらに実際には顕著な支援効果が年度内に出ていなかった場合には，その期間の労力は無駄になってしまう。また，年度末のアウトカム・アセスメントが十分にされていない場合，将来につながる継続的な支援とは当然ならない。

　支援対象者の特性や現状のアセスメントが，対象者のいる環境においてより個人に適した支援計画策定に直結することは確かである。しかし支援がどのように進んでいるのか，また対象者の日常生活がどれほど向上しているかは支援において最も重要なポイントであり，それらを具体的かつ客観的に把握するために，支援と一体化したアセスメントが必要なのである。

包括的アセスメントの必要性

　日本では「発達障害」を，限局的学習症（Learning Disabilities: LD），注意欠如・多動症（Attention-Deficit/Hyperactivity Disorder: ADHD），自閉スペクトラム症（Autism Spectrum Disorder: ASD）が主に含まれるとしているが，国際的な分類システムに則ったものではない。現在では，これらに，発達性協調運動症（Developmental Coordination Disorder: DCD）も加えられて捉えられるようになってきている。これらの診断名は，アメリカ精神医学会による「DSM-5 精神疾患の診断・統計マニュアル」（American Psychological Association, 2013: 以下，APA とする）の日本語訳を引用しており，「症」は「障害」とされることもある。そもそ

も，発達障害特性のカテゴライズに国際的コンセンサスはない。また，日本だけでなく，医学的カテゴリーと教育・福祉的カテゴリーが一致していない国は多い。例えば日本では，限局的学習症は診断名であり，その特性は医学的にカテゴライズされている。しかし，教育では限局的学習症ではなく，学習障害という呼ばれ方がほとんどで，特別支援学級や通級も「LD等」で括られていることが多い。また，特別支援教育が始まってから情緒障害は自閉症・情緒障害となっている。そもそも情緒障害のカテゴリーは非常に曖昧であり，文部科学省の定義を参照しても実際にそれが教育現場で具体的理解がされているかは疑問である。ちなみに発達障害は，特別支援学校教諭免許の専門的領域には含まれていない。発達障害は特殊教育時代から継承されている5領域（視覚障害，聴覚障害，知的障害，肢体不自由，病弱）に共通するものとして捉えるようであり，特に領域を設けないとしたらしいが，特別支援教育の現状にこれほど合っていないシステムは先進国では珍しいのではないか。これは，障害福祉領域においても同様である。現在これほどまでに発達障害への支援ニーズが高まっている状況で，「発達障害支援のスペシャリスト」の養成課程がはっきり定まっていないのは異常である。

　行政やサービス提供機関によって発達障害特性のカテゴライズが異なるのは何も日本に限ったことではなく，障害児教育では先進国と言って良いアメリカ合衆国でも同様である。つまり，医学的診断名とは別に，特別支援教育サービスのカテゴリーが設けられている。アメリカの教育システムは州ごとに若干異なるため，州を跨いで転居した場合，子どもが受ける特別支援教育サービスのカテゴリー名が変わることもある。特別支援教育サービス提供者である教員の免許の種類はその州のカテゴリーに大体合っており，例えばASDを専門とした修士レベルの教員養成プログラムを受けることによって，教員免許には「Special Education」と「ASD」の言葉が含まれる。アメリカの特別支援学級担任など特別支援サービスを担当する教員は，免許にある専門領域で担当が原則的に決まる。つまり，

ASD 専門である免許を取得している教員は，原則 ASD のある子どもたちの学級担任やリソースルーム担当（日本の通級に似た支援）となる。

　また，発達障害関連の捉え方はその研究の発展や時代の変遷とともに変化している。特に自閉症には，1940 年代にその特性に関する論文が発表されて以来，さまざまな名前が付けられてきた。さらに，医学的診断名（例：アスペルガー障害）から一般的「通り名」（例：自閉，自閉症，アスペ）まで，バラエティに富んだ呼び名が同時期に使われていた。筆者がアメリカから日本へ帰国したのはちょうど特別支援教育が正式に発足する前年であり，そこから日本で発達障害の専門家としてのキャリアを始めたのであるが，当時「広汎性発達障害」や「PDD（Pervasive Developmental Disorder）」という名前が日本ではあまりに広く用いられていることに驚いた。実際にはこの名前は医学的カテゴリーであり診断名ではないのであるが，あたかも診断名のように使われることも多く，また使っている人々の多くはその特性を明確に理解していなかった。

　支援機関や地域によって特性の捉え方にズレが生じることはもちろん不便であり，混乱しやすい。一方これは，発達障害関連の特性をそれぞれの国や機関でわかりやすい，または支援しやすい形で捉えようとしている結果でもある。例えば，National Center for Learning Disabilities（以下，NCLD とする）（www.ncld.org）はアメリカでは最大規模の LD の研究と支援に関わる自助団体であるが，焦点として扱う問題を「学習と注意の問題」としている（NCLD, 2017）。つまり，学習困難全般を捉えようとしているのであり，そこにはディスレクシアなどの LD や不注意性などの ADHD という診断名が含まれる。ちなみに NCLD によると，アメリカ国内で学習と注意に問題があると見られる子どもの割合は 5 人に 1 人であり，診断名による統計とはかなり異なる。このような捉え方は，家庭を中心とした教育や福祉における学習困難性への対応に少なからず影響する。喫緊の課題であることのアピールも高まるが，みんなが当たり前に対応すべきであり，「特別扱い」ではないという理解も広がるだろう。

8

日本でも同様なデータがある。文部科学省が 2012 年に発表した在籍率 6.5 ％という数字は，発達障害の可能性のある児童生徒について教員が回答した結果である。しかし，現在でもこの数字が診断者数や，発達障害関連の特別支援対象者の割合として捉えられていることは少なくない。また，6.5 ％が数値的にどのようなインパクトがあるのかは千差万別であり，受け止め方が人によって異なるために発達障害の特別支援教育に対する温度差がバラバラであることにもつながっていると思われる。

　発達障害に関連する特性のカテゴライズがこれほど複雑多岐であるのは，個人差が非常に大きく，また LD や ADHD 等と括られている特性が併存するケースも多く見られることにあることも関係している。つまり，ASD と診断されたからといって，その診断を受けた当事者全てが同様の特性を持っているわけではない。あくまでも診断基準に該当する特性が見られるに過ぎない。加えて，生活環境の影響によりケースごとに特性の顕在化も異なっていく。まさにこれは，教育や福祉における支援を困難にさせている中核的原因の一つと言える。つまり ASD の診断名のある当事者全てに同じ支援を実施したとしても，全てのケースに同様の効果が得られるわけではないのである。

　さて，そのような幅広い発達障害特性を把握するために，どのようなアセスメントが必要なのだろうか。言うまでもなく，できる限り対象者の特性や生活実態全般を把握するアセスメント，つまり包括的アプローチが理想である。ただ，やみくもに多くの検査を実施することは無駄な労力を費やし，また焦点を絞った分析も困難になる。包括的アセスメントは，全てのケースに共通した，実施必須と考えられる領域における観察手段や検査を中心とし，さらに個別に必要と思われるアセスメントを適宜加えた，アセスメント・バッテリーである。これは実際，筆者がアメリカのカンザス大学で，当時アスペルガー症候群と呼ばれた特性を持つ子どもたちに対してアセスメントが必要となった頃から実践してきた手段であり，ASD 等の発達障害を専門とする先進的研究，教育・福祉関連機関ではスタンダー

ドなやり方である。

　発達障害のアセスメントは支援に直結しなければならない。またその支援は当事者個人の特性に適したものであり，また生活環境で実施可能なものであり，さらに効果が期待できるものが望まれる。見方を変えれば，そのような支援が計画できないアセスメントは意味をなさない。

アセスメントにおける前提となるポイント

　発達障害のアセスメントでは，人間の行動やふるまいを観察・測定し，得られたデータを分析することによって特性を推測することが中心となる。そこには絶対的判断はおそらく存在しないわけであり，アセスメントの実施者およびアセスメント結果を利用する当事者やその家族，また支援者は，アセスメントの限界をあらかじめ了解していることが重要である。これらの点について詳説している論文や著書は数多くあるが，本節では筆者がアメリカの大学院でアセスメントを学んだ際に紹介された，Newland（1973）によるアセスメントの前提とも言えるガイドラインを土台として，アセスメント実施にあたって留意すべきポイントを挙げていきたい。

1) アセスメント実施者は，ふさわしい教育を受け，技術を持っていること

　至極当たり前のことであるが，特定のアセスメントを実施するにはそれなりの知識や資格が必要である。アセスメントに必要なスキルはその内容に応じて多少の違いはあるが，標準化尺度を用いたツールでは，実施方法，スコアリング，解釈などが中心となるだろう。多くの標準化検査のマニュアルには，実施資格や条件のような見出しで実施者をある程度指定している。心理士資格が望まれていたり，心理学や関連領域の修士課程以上の教育を受けているなど具体的条件が明示されていることもあるが，「〜にふさわしい者」程度の曖昧な表現に留まっていることもある。観察が主

なアセスメントではさまざまなデータ収集や分析方法も含まれる。これらは教育や福祉の現場で多く実施されているアセスメント（後述するインフォーマル・アセスメント）で，より広範囲で柔軟なスキルが要求される。

　アセスメントは人が人に対して実施するものであるから，知識だけではなく，教えられながらの経験が重要となる。つまり，スーパーバイズが豊富な研修が求められるわけである。日本において残念なことは，例えば大学等で，そのような発達障害のアセスメントに関する実践的な養成プログラムがあまり見られないことである。

2）アセスメントにおいてエラー（誤差）は常に存在すること

　知能検査に代表される標準化尺度を用いた検査の多くは，標準スコアを算出する。このスコアは，特定の検査方法に従った実施者による観察結果が，統計学的に作られた尺度上でどの位置にあるかを示したものである。標準化尺度を開発する際には，検査実施時に生じるであろう誤差をできる限り統計学的にコントロール可能にして，信頼性・妥当性を確立することが重要となる。

　しかし，人の行動やふるまいが目に見える形で表出するプロセスは，実のところそれほど正確にはわからない。例えば心理的プロセスと生理的プロセスの相互作用などは目に見えないし，具体的測定は不可能である。さらに，それを検査やその他の観察方法で測定する際，検査実施者や観察者によるデータ収集の過程においても常時誤差ゼロということはない。また観察時の条件も一定ではなく，測定不可能な，また予測不可能な要因が複雑に影響している。つまり，われわれが普段当たり前のように行っているアセスメントでは，全てのプロセスで何らかの誤差が生じている。

　アセスメント時の誤差を最小限に抑えることも重要であるが，ある程度の誤差が含まれていることを前提として結果を解釈していくことも実施者のテクニックである。つまり，一度のアセスメントで得られた結果を絶対

視することは避けるべきである。例えば，ある知能検査で平均から2標準偏差以下に位置する結果（IQ=70など）が得られた場合，その結果のみで知的障害の有無を決定したり，その個人に対する見かたが固定化されるようなことはあってはならない。アセスメントのデータに必ず存在し得る誤差を無視した解釈は，一見確実性が高い印象を与えるかもしれないが，固定された側面しか見ていないおそれがある。このように限定的な所見をもとに立てられた支援計画は，結果的に柔軟性のないものとなる。

3) アセスメントの内容が対象者に合っていること

　発達障害関連のアセスメント・バッテリーを構成するためには，できる限り発達障害に特化したアセスメント・ツールや手法を用いる。また，対象者の年齢，生活環境，困難性などに応じてアセスメントの内容を調整することも重要となる。つまり，アセスメント実施者にとっては，自分たちが用いるアセスメント・ツールが対象者に対し妥当なものであるかどうかを判断する能力も要求されるわけである。詳しくは後述するが，発達障害の包括的アセスメントでは，発達障害特性を把握する検査，知能検査，適応行動検査などは国際的にほぼスタンダード化してきており，全ての対象者に共通して実施するコアのようなものがバッテリーにすでにあり，それに加えて対象者によって必要と思われる検査を加える。このような場合の判断のためには，検査や観察のアセスメント手段についての知識は不可欠であるし，「やるのが通例になっているから」だけの理由による実施は避けたい。

　また，標準化検査では，標準スコア算出の基盤となる標準サンプルが対象者にとって適当なものであるかも重要なチェックポイントとなる。これには，「acculturation」という，アセスメント・ツールが対象者の文化的背景に合っているかという指標が密接に関連している。日本で広く用いられている標準化尺度の多くは，アメリカなど英語圏を中心に開発されている。それらのツールはもともと開発国の国民や文化に合わせて作られてい

るわけであるから，日本で使用する際には，その内容が日本文化でも共通しているかを精査する必要がある。

　さらに，英語で開発されたものを日本語表記に翻訳することももちろんであるが，アメリカでは常識的なものが日本では異なる場合などもチェックする必要がある。例えば，Vineland™-II 適応行動尺度（Sparrow, Cicchetti, & Bella, 2005; 辻井ら，2014）では，日常生活に関わることを中心にアセスメントするために，そのような文化的調整が細かく行われている。英語の原版では食事の際に用いるのはスプーンやフォークで十分とされているが，日本版では箸の使用についての項目が不可欠である。アセスメント・ツールの原版の開発意図を曲げることなく，使用する国の文化に内容を調整していくのが「acculturation」に関する作業の一つでる。それには，ツールを使用する国でサンプルをとって標準化し直す再標準化のプロセスも含まれる。使用するアセスメント・ツールが翻訳されたものである場合，再標準化の有無も含めたクオリティ・チェックをすることは実施者の責任と言える。

4）データはアセスメントの目的に沿っていること

　標準化検査のようにデータ収集の方法が指定されている場合は，その方法に従っている限り問題ないが，行動観察の際には，実施者が立てた目的に沿った形でデータ収集されているか注意する必要がある。ASD 特性があり，微細運動に課題を持つ幼児の身辺自立スキルに関するデータ取集を想定していただきたい。対象児がボタン付きシャツのボタン留めを一人でどれくらいできるのか観察した際，観察者 A は 1 回の観察において対象児はボタン留めができていないと報告した。観察者 B は，月曜日から金曜日まで毎日観察した期間中，対象児がボタン留めをしたのを 2 回観察した。観察者 C は週に 3 回観察し，対象児が 11 個のボタン留めを成功させたことを報告した。この観察の目的は，対象児のボタン留めというスキルのレベルを測定することである。日常生活に適したデータ収集をするなら

ば，ボタンの大きさや数が同様のシャツを着る際にどれくらい一人で留められるのかを，シャツを着る機会ごとに観察してデータ収集するのが適当と思われる。行動観察のテクニックは応用行動分析（ABA）ですでに確立されており，詳しくはその分野の資料を参照されたい。

5) 現在の行動は観察から，これからの行動は推測すること

　就学時健康診断で小学校入学後の特別支援措置の必要性を検討するアセスメントでは，アセスメントの結果から対象児の入学後の学校生活がどのようになるのかを推測する。もちろん，「現時点はこのような状態である…」というアセスメント時点の解釈も大事ではあるが，このアセスメントの目的は小学校生活という将来についての推測である。高等教育における入学試験も同様の機能を持っている。そもそもは入学者のフィルタリングという機能よりも，入学した後十分な成績を保持しての卒業が可能かを推測するためのものである。

　アセスメント実施時のデータをもとに，特性や困難性のメカニズムが分析される。つまり，アセスメント実施者が得られるのは基本的にアセスメントを行った時点のデータであり，そこから対象者の普段の様子や将来的な傾向を推測することしかできない。発達障害のアセスメントにおいて，データの解釈は絶対的なものであると明言することは危険であるし，所見では「傾向が見られる」と解釈したものが，それほど経たないうちに想定外の変化を見せる可能性も十分にある。

　これらのポイントは，日々の臨床でアセスメントを実施している方々にとっては当たり前のことかもしれないが，機関によってはアセスメントの実施方法が習慣化してしまい，支援に役立つ情報収集や分析が十分ではない場合もあるかもしれない。また，アセスメントは一人で行うものではなくチームワークであるから，機会を設けて一度はチーム全体でアセスメントにおける留意ポイントについて共通認識ができているか確認したい。

アセスメント実施者に求められるもの

　発達障害のアセスメントを実施するためには適切な訓練を受けていることが必要であることは，前節でも触れた。一般的には，関連する大学院課程を修了し，学位や心理士などの資格を有することなどが含まれていると思うが，実際，発達障害に関連した専門家を輩出している大学等の養成課程の中身は実にさまざまである。その主な理由の一つは，発達障害の捉え方やアセスメントについては未だ発展途上にあり，統一した基準が確立していないからである。つまり，たとえ発達障害に関連する修士号や博士号，心理士や福祉士資格を持っていたとしても，それぞれが受けたトレーニング等のバックグラウンドは多種多様なのである。

　この現状は発達障害領域に限ったことではないし，全てをネガティヴに受け止めるべきではない。包括的アセスメントは一人で行うべきものではなく，多様な専門性を集結したいわば学際的（multidisciplinary）なアプローチであって，そのためにはさまざまなバックグラウンドを持った人間でチームを構成することが求められる。その上で，アセスメントや支援をチームで行っていくためには，チーム全員が知っているべき，また実行可能であるべき点についての共通したトレーニングが必要だと思われる（Hagiwara, Cook, & Simpson, 2007）。

　まず，発達障害関連のアセスメントを実施するとなれば，発達障害の知識を持っていることは必須条件である。現在は，実にさまざまな専門領域の文献やメディア資料が豊富であるから，広くそれらに触れることで知識の偏りは軽減されるかと思われる。一方，限られた専門分野による発達障害の解釈に固執することは避けたい。ある考えに対して両手を挙げて賛同する必要はないが，そのような考えの存在を認めることは，偏った，排他的解釈や支援を予防する。すでに何十年前という過去になってしまったが，アスペルガー症候群や高機能自閉症といった名前が知られるようになった当初，まだ研究や実践が進んでいない特性に対して支援者は，自分

たちの専門領域以外のことも必要ならば学んで対処せざるを得なかったわけである。実は筆者がアメリカで大学院教育を受け，発達障害関連のアセスメントや支援に関わり出したのはその時代であり，そのような姿勢を持った人間でチームが構成されていた。

　知識獲得に加え，発達障害当事者と日常生活上で関わる経験も重要である。アセスメントは，当事者の生活全般に関わる支援につながっている。支援対象者である当事者は，家庭はもとより，保育施設，学校，デイサービス，就労支援機関など，年齢や生活実態に応じてさまざまな環境と接している。それらの環境で当事者がどのように生活しているのかを当事者とともに実体験することは，「実行可能な支援」を考える上で役立つ。これはつまり，特別支援教育などでスローガン的に言われている「個人のニーズに応じた支援」に直結する。発達障害特性は幅広く，全く同様なケースは存在しないが，やはりより多くの当事者の実生活と関わってきた経験は，一専門家としての強みであると筆者自身実感している。また，当事者の日常との関わりを専門家としてのキャリアを通して継続的に行っていくことで，発達障害当事者を取り巻く状況の変遷にも気づき，時代に適した判断や支援の実践につながると思われる。

　次に，アセスメントでは標準化尺度のスコアや観察記録など，データをもとに分析し解釈する。データは大きく分けて，度数や割合，標準スコアなど数量的なものと，観察記述や記録など質的なものがある。数量的データ，特に標準スコアなどを扱う場合にはそれを解釈する統計学の知識が求められる。標準スコアやパーセンタイル値が何であるかを知らなければ，標準化尺度で算出された結果が何を意味するのかわからない。さらに，それらの結果をアセスメントを受けた対象者やその家族，また関係する支援者への説明もできないことになる。全てのアセスメント実施者に，大学院レベルのような高い専門性のある統計的知識が求められているわけではない。要は，アセスメント実施者が使用する検査や観察方法で扱うデータの処理と解釈ができれば良いのである。別の見方をすれば，たとえ統計学の

講義を受けたとしても，自分が扱うアセスメントについてのデータ解釈ができなければ意味がない。筆者は大学院時代，指導教員から「アセスメントの利用者，特に保護者がわかる説明ができなければプロではない」と繰り返し言われた。つまり，データの解釈だけではなく，説明するテクニックもアセスメント実施者には求められるのである。専門用語を並べ立てても，相手がわからなければ意味がない。

　多くの教育や福祉機関においては，発達障害支援に携わるスタッフが標準化検査を日常的に実施するよりも，むしろ医療や大学等の専門機関で実施されたそれらの結果をまとめた報告書を見ることが一般的ではないだろうか（もちろん，標準化検査を含めたアセスメントのエキスパートがいる教育・福祉機関もあるだろう）。その際，表などにまとめられている標準スコアやパーセンタイル値などのデータと，文章での所見がどのように関係しているのか理解できる程度の統計的知識があると，支援会議がだいぶスムーズに進むだろう。他職種で構成されるチームでの相互理解も高まるし，教育や福祉環境の支援に直接活かせるデータを読み取ることもできる。もちろん，わからないデータや所見についてはアセスメント実施者に直接質問するべきであるが，残念ながらいつもそのような時間が十分にあるとは限らないし，また，質問者が望むような形での説明が得られないこともある。

　最後に，アセスメントはその内容にもよるが，ある程度のテクニックが要求される。そのテクニックの大部分はトレーニングによって培われる。当然，数多くの臨床体験を積むことは有利であるが，スーパーバイズを受けながらの臨床経験がトレーニングには不可欠である。検査後のスコア算出や解釈，所見作成時のスーパーバイズは養成機関で広く行われていると思われるが，むしろ検査実施時，観察時，面接時により重点的なスーパーバイズが必要と考える。つまり，実際のアセスメントを見学したのち，検査中など実際にデータをとっている最中の行動がスーパーバイザーによってモニタリングされ，適宜フィードバックを得るプロセスが，「上手い」

アセスメント実施者を育てるトレーニングではないだろうか。子どもへの教育では教師がモデリングをして，また子どもの作業に付き添ってフィードバックするが，アセスメント実施者の教育でも同様なスタイルが効果的と思われる。

　発達障害のアセスメントは，対象者や対象者をよく知る家族や関係者と関わり，そして医療や大学機関の評価室のみならず学校などの一般的環境でも行われる。そのような条件下でいかに適切に，効果的にふるまうかは，標準化尺度の記録用紙に記入すること以上にアセスメント実施者にとっては重要である。マジックミラーやビデオモニターが備わった観察室が隣接しているような環境は限られているから，アセスメントを学習している者は，できる限りベテランの実施者が同席している環境で腕を磨くべきであるし，アセスメントのテクニックは継承され，改良されていくべきである。

第 2 章 フォーマル・アセスメントの実践的活用

フォーマル・アセスメントの実際

　アセスメントには実にさまざまな手段が含まれており，それらをどのように組み合わせて対象者の特性把握に用いるかは，アセスメント実施者が受けてきた教育やトレーニングによって異なるし，なによりもこれまで述べてきたように対象者に合わせたアセスメント内容が考えられるべきである。アセスメントは，大きく分けてフォーマル・アセスメントとインフォーマル・アセスメントと呼ばれる2つのアプローチがある。これらの名称は，アセスメント実施者の中で一般的に用いられているような，定着したものではないかもしれない。ある専門分野では違った呼び名を用いることもあるだろうし，日本ではあまり見られないが，英語で著されたアセスメントの専門書では著者によってそれぞれ異なる捉え方がされている。筆者が受けたアメリカの大学院の講義では，フォーマル・アセスメントおよびインフォーマル・アセスメントの分け方をしていた。アセスメントに本来フォーマル，インフォーマルが意味するような違いがあるのかについてはいささか疑問であるが，本書では便宜的にこれらの名称を使用する。

　フォーマル・アセスメントとは，主に標準化尺度（Standardized Measures）を用いたアセスメント手法を指す。したがって，Standardized Assessment と呼ばれることもある。標準化尺度の使い方に関しては，多くは検査形式をとっており，それらは一般的に標準化検査と呼ばれる。標準化検査ではその実施方法が明確に定められており，多くの場合標準スコアと呼ばれる数値を用いて対象者の状態を測定する。「標準化尺度」と呼

ばれているのは，これらのアセスメント手法が特定の「物差し」を使用することによって対象者の状態を測っているためである。そしてこの尺度は，標準サンプルをもとに作られている。

標準サンプルは，アセスメントが実施される地域，日本国内であるならば日本全国から人口比に合わせて地域ごとにサンプルをできるだけ偏りがないように抽出して構成される（原則的にできる限り無作為抽出）。そのサンプルに対して実施した検査結果を統計学的に処理することによって，標準化尺度が作られる。つまり，標準化尺度を用いた検査結果とは，対象者の状態やパフォーマンスが，その尺度上でどの位置にあるのかを示す指標なのである。ウェクスラー式知能検査に代表されるような平均が100，1標準偏差が15の尺度では，100を挟んだ上下15，つまり85と115が1目盛となる物差しとなる。この物差しは数値的には1目盛15の等間隔であるが，平均である100に近い方へ向かってより分布が密集している。つまり，平均100を挟んだ1標準偏差の間，85から115には分布全体の約68％が含まれ，それよりも上，または下の目盛に向かうほど含まれる分布は薄くなっていき，平均から2標準偏差，つまり70以下と130以上にはそれぞれ分布全体の約2％しか含まれない（図2-1参照）。

多くの検査では，だいたい平均から両側1標準偏差の範囲を平均域としていることが多い。また，言葉による表現は検査ごとに異なるが，両側2

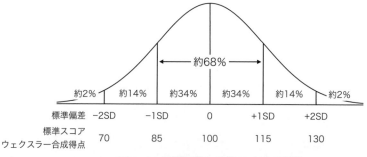

図 2-1　標準偏差と標準スコアの関係

標準偏差以上または以下を非常に高い，または非常に低いと捉える。つまり，ウェクスラー式知能検査のスコアで 70 以下が知的障害を示唆する一つの基準となっているのも，このような正規分布を基盤とする尺度上で全体の 2 ％以下という極めて顕著な結果と解釈されるからなのである（図2-2 参照）。

　また，スクリーニングや診断検査などでは，その標準化尺度上で特定の症状が認められる可能性が高いと判断する境界線が引かれていることもあり，その境界線の数値をカットオフ値と呼ぶこともある。例えば，日本で開発された PARS®-TR（親面接式自閉スペクトラム症評定尺度テキスト改訂版）（発達障害支援のための評価研究会，2018）の幼児期ピーク得点のカットオフは 9 点である。つまり幼児期ピーク得点が 9 点以上の場合，対象者が ASD 特性を有している可能性が強く示唆されるとしている。

　標準化尺度の読み方は検査によってさまざまであり，必ずしも数値が高ければ良いとは限らない。問題行動などを測定する尺度では，高い数値はより顕著な問題行動の存在を示している。複数の標準化検査を実施した場合，それらの尺度上の数値がどのような状態を示しているのか，結果を説明する報告書等にわかりやすくまとめる必要がある。

　さて，図 2-1 と図 2-2 で示したように，標準化検査の多くはこのような山に似た形の分布にしたがった測定方法を用いており，標準サンプルから

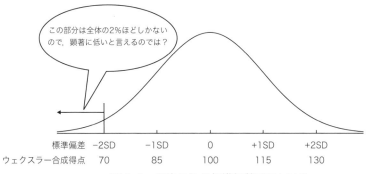

図2-2　平均から 2 標準偏差以下とは？

統計学的処理をして作られたこの分布は正規分布と呼ばれる。英語ではこの形が呼び出しのベルに似ているために，Bell Curve と言われることもある。検査開発上で標準サンプルが実際に正規分布に酷似する場合はおそらくあり得ないと言って良いが，正規分布という理論上統一された分布に処理することで，共通した標準化検査の解釈や比較を可能としている。別の言い方をすれば，正規分布を利用することによって，現在の心理や行動を測定するアプローチがスタンダード化することになった。これから述べるようにこのアプローチはなかなか便利なものであるが，正規分布の概念や理論を実際の観察に対して使用し測定することについての注意喚起は，標準化検査が広く使われるようになった時にすでにあった（Crowell, 1967）。発達障害のアセスメントで最もよく用いられる認知機能や行動，社会性などの領域での標準化尺度を用いた測定に対する疑問や，これらに対する過度の信頼に警鐘を鳴らす意見もある（Satori, 2006）。しかし現時点において，アセスメントの全過程における「一つのツール」であると認識して標準化検査を用いることは，大きな問題ではないし，アセスメント実施者にとって比較可能なデータ入手を可能とする便利な手段であると考える。標準化検査について統計学的に詳しく説明したり，それらを使用する意義について深く検討していくことは本書の意図ではないので，これらについての詳細は他の専門資料を参照されたい。

　正規分布を基盤とした尺度を用いると便利なことは，尺度によって平均や1標準偏差の数値が異なっても，「尺度的な解釈は同様に可能」となることである。ウェクスラー式知能検査の合成得点は平均が100で，1標準偏差が15であるが，合成得点を構成する下位検査の得点は平均が10で1標準偏差が3である。このように，それぞれの尺度で目盛の値は異なるが，正規分布上の位置は同様に捉えることができる。例えば，合成得点の115と下位検査の13は両方とも尺度上では平均よりも1標準偏差上の位置となる（図2-3参照）。

　また，標準化検査では複数の検査間の比較も容易となる。例えば，ある

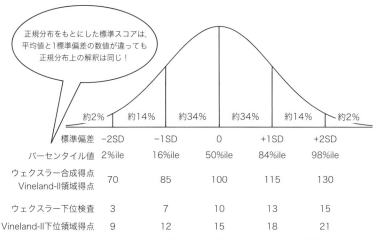

図2-3　正規分布を利用したさまざまな指標

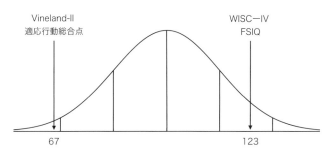

異なる検査の結果でも同じ物差しで比較が可能

図2-4　検査間のスコア比較

　小学5年生のアセスメントにおいて，WISC-IV知能検査のFSIQが123，Vineland-II適応行動尺度の適応行動総合点が67だとする（図2-4参照）。どちらの検査も，平均100，1標準偏差15の尺度を用いている。そうすると，この子どもの全般的認知機能は平均値よりも1標準偏差以上高い位置にあると解釈される一方で，日常生活の適応状態は平均よりも2標準偏差以下の喫緊の支援を要するレベルであることが示唆される。

標準化検査は，数あるアセスメント手段の中でも最も広く用いられている。標準化検査を使用することはアセスメントにおいてはすでにスタンダードとなっているため，使うのが当然と思われていても仕方がないが，標準化検査が得意とする点と限界点は，このアセスメント手段を利用する関係者にとって押さえておくべきポイントである。

　先述したように標準化検査で得られる標準スコアは，検査における対象者の状態が標準サンプルをもとに作られた標準化尺度上どの位置にあるかを示すものである。多くの検査では，検査項目の点数（粗点などと呼ばれる）は，標準サンプルから作成された換算表によって標準スコアへと換算される。結果的に標準スコアは，「全体との比較」や「特定の基準にもとづいた判断」を可能とする。しかし，図2-1にも示されるように尺度上ではより高い，またはより低い数値になればなるほど分布が占める割合は少なくなっていく。つまり，平均100，1標準偏差15の尺度上で85〜115間の差と40〜70間の差は明確に異なる。これはつまり，標準スコアが平均より2標準偏差以下の場合，スコアの違い，例えば55と60の違いを臨床的に解釈することはかなり困難であり，実践的ではないことを意味する。標準スコアは，水が0℃以下で固体化し100℃以上で気化する温度のように目盛りごとの違いを正確に捉えられる指標ではないのである。

　標準化検査では，標準スコアだけでなく，パーセンタイル値や相当年齢などさまざまな指標が得られる。それぞれ異なる指標ではあるが，すべて標準サンプルや正規分布をもとにしている。言うなれば，見方が違うだけである。詳細は他の専門書を参照されたいが，例えばVineland-IIの領域得点において，正規分布上では標準スコア80とパーセンタイル値9%ileは同じ位置を表している。日本語訳すれば，標準化尺度上でスコア80の位置は，そこから数値が下の部分は分布全体の9％を占めている。Vineland-II適応行動尺度では，この位置の適応水準は「やや低い」範囲に入る（図2-5参照）。

　また，検査によっては対象者の結果が標準サンプル上のどの年齢レベル

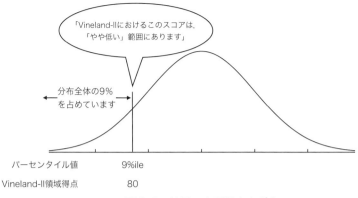

図2-5　結果の表現はさまざま

にあるかを示す相当年齢や精神年齢などと呼ばれる指標も用意されている。例えば，生活年齢13歳の対象者のある検査結果において，相当年齢8歳5ヶ月と示されている。このように年齢で示される指標の取り扱いには，特に注意が必要である。この例で言えば，中学1年生の対象者が小学3年生レベルであることは尺度上に限ってそうなのであり，この子どもの実生活の程度を表しているものではない。標準化検査で得られるさまざまな指標について，アセスメント実施者が対象者やその家族，支援関係者にわかるように説明できない場合は，所見や報告書などで用いるべきではない。

　標準化検査は統計学を中心に，一定の信頼性と妥当性が科学的に検討された形で出版されている。検査のマニュアルに設けられている検査開発の経緯や統計的情報はおそらく多くの実施者が読み飛ばす箇所であろうが，そこにはその検査が正当なプロセスを経て開発されたことのデータが示されているのである。それらを全てを熟読し理解する必要はないが，検査を実際に使用する上で実施者が注意すべき点がある。それは，標準化尺度を用いた検査結果の解釈は，その開発において基盤とした理論とその検査が意図する測定対象に限られることである。つまり，その検査が目的として

いる領域以外は測定することはできないし，その検査の実施者はあらかじめそのことについて理解，了承した上で検査を実施することとなる。

現在発達障害と呼ばれている特性の診断や支援が本格的に開始された当初は，例えば ASD や ADHD の特性やそれらの違いをある程度明確に測定できるツールはないに等しかった。障害児支援において知能検査はすでにその使用がスタンダード化しており，発達障害のある子どもたちにも知能検査は何はともあれ実施されていた。限られた標準化検査結果しかなく，それらをもとに特性把握が行われてきたとすれば，特定の標準化検査が本来意図していない領域についてもその検査結果をもとに推測がされることが慣習的に行われてきたことは当然かもしれない。しかし，例えば知能検査は発達障害の診断検査ではない。同様に感覚プロファイルにおいても，ほとんどの領域で平均より非常に大きい相違が示されたとしても，ASD や ADHD などと判断することはできないのである。たとえ国際的にスタンダードとされているような標準化検査でも，アセスメントにおいてデータがその検査のみに限られている場合は，その検査が測定できる領域だけの分析をすべきであり，アセスメント実施者の裁量で推測を拡大させることは避けるべきである。

日本で使われている知能検査の数は，国際的に見て多いとは言えない。アメリカをはじめとする英語圏では，さまざまな標準化尺度を用いた知能検査が出版されている。もちろん，国際的に最も用いられている知能検査はウェクスラー式知能検査であることは否めない。だがそれ以外にも，かなり以前までは広く使われていた Stanford-Binet Intelligence Scales (SB-5) (Roid, 2003)，教育機関でよく用いられる Woodcock-Johnson Test of Cognitive Abilities (WJ IV) (Schrank et al., 2014)，実施に言葉を使わない Test of Nonverbal Intelligence (TONI-4) (Brown, Sherbenou, & Johnsen, 2010) など，それぞれの検査が特定の理論を基盤として，それぞれが意図する知能の側面を測定する。当然それぞれの検査が得意とする知能の側面がそれぞれの結果として得られる。つまり，ウェクスラー式知

能検査はスタンダードではあるが，唯一無二の指標ではないし，ウェクスラー式知能検査では詳細に知ることはできない知能の側面を他の検査で測定できるのである。

　発達障害関連の標準化検査において国際的にスタンダードとされている多くは，日本でも実施できるようになってきた。例えば，日本版が出版されている Vineland-II 適応行動尺度は，ASD のアセスメント・バッテリーには必ずと言って良いほど含まれているものであるが，同規模の適応行動に関する標準化されたツールは日本では出版されていない。しかし，Vineland-II が開発されたアメリカでは，Adaptive Behavior Assessment System（ABAS-3）（Harrison & Oakland, 2015） と Scales of Independent Behavior（SIB-R）（Bruininks et al., 1996）は Vineland ほどではないが，比較的ポピュラーな適応行動の検査である。国際的に使われている発達障害のアセスメント・ツールは，日本国内でも実施可能となっているものが増えてきているが限られており，ある領域で実施可能な標準化尺度による検査が一つしかない状況が少なくない。

　これまで見てきたように，対象者をさまざまな側面から測定する「物差し」は共通した単位ではなく，また現時点では一つの側面を測定できる唯一の「物差し」である可能性もある。標準化検査は対象者の状態を簡便に，信頼性を持った測定が可能となるようその開発過程でさまざまな工夫がされている。しかし，その測定はあくまでも標準サンプルとの比較によるものであり，対象者の特性や困難性の詳細の分析は難しい。例えば，Vineland-II によって対象者の生活適応のレベルを標準と比較することによって判定できたとしても，対象者の生活環境に特化した分析データはそこからは得られない。つまり，対象者の日常生活状態を直接観察や，家族などの関係者にインタビューしたデータが必要になる。そのために，標準化検査中心のフォーマル・アセスメントに加えて，インフォーマル・アセスメントのアプローチがある。インフォーマル・アセスメントについては，第 3 章をご覧いただきたい。

アセスメント・バッテリーに加える標準化検査

　アセスメントはすべての支援プロセスにおいて行われるべきであること
はすでに述べたが，支援に先立って個人の特性把握を全体的に行わなけれ
ばならない場合や，これまでアセスメントや支援が適正に実践されていな
かった場合には，アセスメント・バッテリーによる包括的なアセスメント
実践が必要になる。先にも触れたが，アセスメント・バッテリーとは対象
者に合わせた一連のアセスメントの集合体のことを指す。

　蛇足ではあるが，検査によっては，その名称に「バッテリー」の言葉が
含まれているものもある。日本で特に教育機関でよく用いられている
KABC-II（Kaufman & Kaufman, 2004, 日本版 KABC-II 制作委員会,
2013）は，Kaufman Assessment Battery for Children の略であり，子ど
もの認知機能を測定する複数の検査で構成されていることを意味してい
る。筆者自身は，アセスメント・バッテリーをフォーマルおよびイン
フォーマル・アセスメント双方のアプローチのバッテリーとして捉えては
いるが，主に標準化検査の組み合わせに対してバッテリーと言われている
ことの方が多いような気がする。日本では，アセスメントに用いる提示刺
激や実施手順がパッケージ化されたインフォーマル・アセスメントが少な
いため，インフォーマルなアプローチを「バッテリーに加える」感じが薄
いのかもしれない。本節では，アセスメント・バッテリーにおけるフォー
マル・アセスメント，標準化検査の構成について考えたい。

　アセスメント・バッテリーにどの検査を加えるかは，再三述べてきたよ
うに対象者のニーズが最優先されるべきである。対象者が現在抱えている
困難性や，家族の願い，また対象者を支援する機関のニーズもそこに含ま
れる。しかしながら，アセスメント実施者のバックグラウンド，つまり，
これまで受けてきた教育，専門領域，資格などもアセスメント・バッテ
リーの構成に大きく影響するし，また実施者の「好み」も当然あるだろ
う。アセスメント・バッテリーの構成に正解はないので，対象者や関係者

のニーズに合って，適切な支援につながるのであれば，どのように組んでも良いはずである。

　ただし日本において，発達障害関連のアセスメント・ツールや手段が近年飛躍的に整ってきたと言えども，この分野では世界をリードしているアメリカやイギリスなどに比べれば，アセスメント領域ごとの選択肢は限られている。また，選択肢の多い先進国でも，いわゆる「メインストリーム」や「王道」と呼ばれるアセスメント・バッテリーの構成は，明確に示されていなくても「暗黙のルール」的に存在する。それはもちろん，優秀な検査ツールであるからそのような扱いを受けていると言えるが，実際はそれだけではなく，これまでの慣習や出版社のマーケティングも明らかに影響している。例えば，「みんな使っているから…」はバッテリーに加える際の重要な判断基準であり，これはより多くの機関が使っているだけでなく，研究にも使われている場合も含まれる。このような場合，検査自体の信頼性や妥当性が検討される機会は他のものよりも当然多くなるし，何よりも結果の比較が容易に可能となる。また，特に標準化検査のほとんどは出版社を通して供給されており，特に原版が圧倒的に多い英語圏では，検査のクオリティの保証はもちろんであるが，出版社によるマーケティングは検査の普及率向上の必須条件といって良い。現在広く使われている検査はそれぞれ優秀なツールであることに変わりはないが，ここに述べたようなさまざまな因子も歴史的に影響していることは，アセスメント・ツールの「コンシューマー」である実施者は了解しているべきであろう。

アセスメント・バッテリーの「コア」

　筆者自身は，発達障害特性に対する包括的アセスメント・バッテリーにおいて，認知機能，適応行動，感覚処理特性のアセスメントを「コア」としている。つまり，とりあえずはこの3領域に関するデータは，どの対象者においても入手しておくという前提である。LD や ADHD，また知的障

害を持たない，いわゆる高機能 ASD の支援に注目が集まるようになってから現在まで関わってきた中で，認知機能と適応行動の両側面からの特性および現状把握は，今のところアセスメントの中心であると考えている。また，ライフステージを通した支援を考えると，感覚過敏などの感覚処理に関わる困難性は，社会性困難などと同様に，社会適応や将来の社会的自立に大きな影響を及ぼしている。どのライフステージにおけるアセスメントでも，感覚処理関連の困難性に対してなるべく早い発見および支援が必要であると感じている。このような筆者の姿勢には，これまでの発達障害関連の研究動向のみならず，筆者が受けて来た教育と実践という「筆者のバックグラウンド」の2点が大きく影響している。この3領域それぞれに関しては，以下のような考えでアセスメント・バッテリーに含めている。

認知機能のアセスメント

ウェクスラー式知能検査は，認知領域のアセスメント・ツールの中では最も使われている検査であり，「好き嫌い」に関係なくこの検査はアセスメント・バッテリーに含まれるべきであるし，実際国際的に見てもそのようにしているケースがほとんどである。これはまさに「そうせざるを得ない」状態であり，「何はともあれ」でウェクスラー式知能検査を実施している機関も少なくない。日本では最近になって，WPPSI™-III（Wechsler Preschool and Primary Scale of Intelligence）（Wechsler, 2002; 日本版 WPPSI-III 刊行委員会，2017）によって幼児期のアセスメントがカバーされるようになったため，WISC™-IV と WAIS™-IV（Wechsler Adult Intelligence Scale）（Wechlser, 2008; 日本版 WAIS-IV 刊行委員会，2018）とともにほぼ全ての年齢層において同様なアセスメントが可能となっている。

発達障害のアセスメントでの知能検査は，特に就学前後における特別支援教育の必要性について検討する際に使われることが多いと思われる。標

準化尺度では，その適用年齢の両端の年齢層の測定感度が安定しないこともあるため，WPPSI-III と WISC-IV どちらも使用できるというオプションが実施者にあることは便利である。

　すでに DSM-5 にも示されているように，ウェクスラー式知能検査などで得られる知能指数，いわゆる IQ（Intelligence Quotient）は，長年知的障害の有無を見極める指標として「慣習的」に使用されてきたが，現在では，適応機能，つまり実生活での状態のアセスメントが必要であり，その結果を踏まえての支援が求められている。発達障害においては，社会性，学習，実行機能など知能検査では測定できない，または十分にできない領域が複雑に影響しており，包括的に検討するためには，ウェクスラー式知能検査以外のツールをバッテリーに加える必要がある。

　ASD など，発達障害のプロファイル・パターンがウェクスラー式知能検査上で定形化され，それが判断材料になっている事例も見られるが，それについての学術的コンセンサスは未だにない。つまり，合成得点のアンバランス（ディスクレパンシー）だけで発達障害特性の存在はわからない。ディスクレパンシー比較は認知特性の把握に便利な手段ではあるが，実施者は分析結果の適正な利用に留意すべきである。

　発達障害特性が考えられるケースにおいての知能検査では，平均よりも 2 標準偏差以下，つまりウェクスラー式知能検査の合成得点では 70 以下という知的障害の見極めだけでなく，平均よりも 2 標準偏差以上，合成得点では 130 以上の場合も注意深く分析する必要がある。正規分布上では，約 2 パーセンタイル以下である 70 以下のケースと同様に，130 以上も 98 パーセンタイル以上と同様の面積であるため，この場合は顕著に高い認知機能であることが示唆される。一般的には「天才児レベル」などと呼ばれることもあるだろうが，英語圏や最近の日本の文献でも「ギフテッド（Gifted）」の言葉がよく使われている。

　ギフテッドについての定義はさまざまであり，それは認知機能や才能などの捉え方が千差万別なため仕方のないことかもしれない（Cain,

Kaboski, & Gilger, 2019）。しかし，筆者がこれまで見た限りでは，特定の領域において技能的・学問的など一般レベルよりも卓越しており，同時に高IQなどのアセスメントのエビデンスがある，というようなケースが現代的ギフテッドの捉え方ではないかと思われる。さらに，発達障害でも特にASD特性を有しているギフテッドのケースを「2E: Twice exceptional」，つまり「二重の特異性」と呼び，個人のニーズはより複雑となり，それに対する支援には高い専門性が求められている（Coleman, Carradine, & King, 2005）。

　日本ではようやく最近になってギフテッドに対する具体的支援が始まった感じがあるが，アメリカの特別支援教育（Special Education）ではギフテッドは一つのカテゴリーである。つまり，ギフテッドと認定された子どもには特別支援が実施され，それには原則として大学院等での教員養成を経た資格のある教員が関わる。筆者が長年在籍していたカンザス大学はアメリカ国内では特別支援教育の大手と言われているが，筆者自身もギフテッドを専門にしている研究者と協議をする機会は何度か経験した。

　おそらくアスペルガー症候群（Asperger Syndrome: AS）が広く知られるようになってからであると思われるが，「ASDにはギフテッドが多い」「ASDは人付き合いは難しいけれど天才肌」などと思われるようになり，変わり者だが現実ではあり得ないくらい高いIQスコアを記録しているキャラクターが活躍する映画やテレビドラマ，小説などがそれを後押しした。この傾向は未だに続いている。たしかに，ギフテッドのASDは存在するのであるが，その存在率や定型発達との分布比較についてははっきりとはわかっていない。ASへの支援が叫ばれていた頃に筆者も加わっていた研究では，ASと定型発達間のギフテッドの割合や分布は同傾向であったが，ASの方がより高いIQとなる傾向は若干見られた（Barnhill et al., 2000）。しかし，現在でも個人差が非常に大きいASD特性においてギフテッド割合の大小を語ってもあまり現実的ではない。

　日本における発達障害のアセスメントでは，知能検査が一番多く実施さ

れていると言っても過言ではないだろう。平均よりどれだけ低いかだけが
知能検査上のプロファイリングではなく，ディスクレパンシー分析と同様
に顕著に高いスコアに対しても解釈の必要性があるか（例えば，対象者の
学校生活との関係性），さらなるアセスメントが必要か，また，ニーズが
明確化した場合の具体的支援の検討などは，発達障害のアセスメント実施
者は心がけておくべきと考える。知能検査結果はダイレクトにギフテッド
を示す指標ではないが，気づきのきっかけとはなるので，「わかっていた
のにできなかった支援」になりがちなケースを増やさないためにも，準備
だけはしておきたい。

適応行動のアセスメント

　発達障害者支援法（2016 年改正）に示されているように，発達障害当
事者への支援は日常生活の改善・向上が中心であり，それはライスフテー
ジを通したものであることが求められている。また，先に述べた DSM-5
（APA, 2013）にあるように，適応行動の状態把握は支援にとって不可欠
な情報となってきている。ゆえに，発達障害のアセスメント・バッテリー
には適応行動を測定するツールが含まれるのが発達障害支援の先進国では
スタンダード化している。アメリカでは，ASD の早期支援サービスを受
ける際には知能検査ではなく，適応行動検査結果の精査が条件となってい
る州が目立っている。
　標準化された適応行動尺度は代表的なものがいくつかあるが，その中で
も Vineland 適応行動尺度は最も歴史があるものの一つであり，また，発
達障害，特に ASD のアセスメントや研究では国際的にも最も広く使われ
ているツールである。日本版は Vineland-II，つまり第 2 版であり，残念
ながら同規模の標準化適応行動尺度の選択肢は，現時点では Vineland-II
しか日本にはない。ウェクスラー式と同様に，ポピュラーなツールである
ことは十分バッテリーに加える理由ではあるが，「これしかない」理由で

もこの Vineland-II はバッテリーに加えられている。

　ウェクスラー式知能検査と Vineland-II とでは，ほぼ同様の標準スコアのシステムとなっており，発達障害の特性把握の中核とも言える認知機能と適応機能の比較がほぼ一目瞭然で可能である。筆者が実施するアセスメントでは，まずこの2つの検査結果を比較し，検討する。これだけでも，包括的アプローチを実施する利点と言える。例えば，小学校入学時のアセスメントにおいて，WISC-IV の全ての合成得点が 90〜120 の範囲にあり，Vineland-II の全ての領域得点が 55〜75 の範囲にあったとする。認知機能で見れば平均域以上であることは明らかであるが，日常生活，特にこれからの小学校生活において十分な支援が必要であることも同時にわかる。さらに，Vineland-II の結果を詳細に分析する必要はあるが，WISC-IV の結果が平均域以上だからと言って，授業を中心とした学習に支援が必要ないわけではない。集団での一斉授業形式では，適応行動レベルが大きく影響するため，対象児が楽しく安心して授業に参加できるような環境を整え，対象児が十分に自身の能力を発揮できるような措置の必要性を，この2つの検査結果を同時に検討することで探ることができる。

　適応行動の範囲は広く，Vineland-II でもコミュニケーション，一般的生活スキル，社会適応，運動など，多岐にわたる領域でのレベルが把握できる。これは見方を変えれば，それぞれの詳細な分析は難しいことを意味しており，そのために Vineland-II の結果は，ピンポイントなフォーマルおよびインフォーマル・アセスメントの必要性を決定するきっかけとなる場合も少なくない。

感覚処理特性のアセスメント

　DSM-5 の ASD の診断基準に感覚異常が記載されたことからも，発達障害のアセスメントや支援において感覚処理特性のデータの必要性は高まっていると言って良い。特に ASD においては，顕著な感覚過敏やその

他の極端な感覚処理傾向によって日常生活がうまくいかないケースは多く，将来的な社会的自立を困難にしている要因の一つとなっている。感覚プロファイル・シリーズは比較的簡便なチェックリスト式の標準化検査であり，乳幼児版（Infant/Toddler Sensory Profile: ITSP）（Dunn, 2002；辻井ら，2015），子ども版（Sensory Profile: SP）（Dunn, 1999；辻井ら，2015），青年・成人版（Adolescent/Adult Sensory Profile: AASP）（Brown & Dunn, 2002；辻井ら，2015）の3つのフォームによって，0〜82歳の範囲でのアセスメントが可能である。11歳以上の対象者にはAASPが実施されるが，これは自己記入式であり，発達障害当事者には自己認知が十分でないケースも少なくないため，他者記入式であるSPを保護者など対象者をよく知る者に同時に実施するようにしている。日本版のSPでは，82歳まで標準化された他者評価が可能である。

　人がどのように感じているのかは，本人にしかわからない。感覚プロファイル・シリーズは，根本的には行動チェックリストであり，特にSPやITSPの他者評価式では，対象者の行動やふるまいの傾向から感覚処理特性を推測する手段をとっている。そのため，最も項目の多いSPでは，情動や問題行動など，行動をアセスメントするツールと同様な項目がかなり多く含まれており，これらはVineland-IIの不適応行動領域や，CBCLの項目と共通するものが多い。実際，これらのように複数のアセスメント・ツールで共通する領域の結果を比較することは，包括的アセスメントの常套手段である。これによって，結果をより詳細に分析したり，またデータの信頼性をチェックすることも可能となる。

発達障害特性のスクリーニング

　診断可能な医師が関わっていない限り，包括的アセスメントでは発達障害の診断はしない。ASDに関してはADI-RやADOS-2といった，ゴールド・スタンダードと呼ばれる診断ツールが存在するが，診断に使うため

には特定のトレーニングが必要であるし，ASD を専門とする医療機関で
のアセスメント・バッテリーにはこれらのツールは含まれることもあるだ
ろう。一方，スクリーニング・ツールは簡便に発達障害特性が存在する可
能性を知るための検査であり，実施時間も短いために教育・福祉機関での
アセスメント・バッテリーには組み入れやすいだろう。また，発達障害関
連のスクリーニング・ツールの実施は，特定の特性把握を可能とするだけ
でなく，アセスメント後に医療機関に係る際，診断やその他の医療サービ
スに行う際の貴重なデータとなる。

　ところで，高機能 ASD や LD，ADHD の診断はまだその歴史が浅いと
言って良いが，これまでに開発されたスクリーニング・ツールの数は数え
切れないほどある。多くは DSM などの診断基準に合わせて構成され，標
準化されているが，これもこれまで触れてきた標準化尺度と同様，「ポ
ピュラー」なスクリーニング・ツールにはさまざまな要因が複雑に影響し
ている。ASD ならば，M-CHAT（Modified Checklist for Autism in Tod-
dlers）（Robins et al., 2001; Inada et al., 2011）や AQ（Autism-Spectrum
Quotient）（Baraon-Cohen et al., 2001；若林，2016）などは国際的に用い
られているツールであるが，日本で開発された PARS-TR（親面接式自閉
スペクトラム症評定尺度テキスト改訂版）（発達障害支援のための評価研
究会，2018）も国内では広く用いられている。ADHD 特性は，Conners 3®
（Conners, 2008；田中，2011）や CAARS™（Conners, Erhardt, & Sparrow,
1998；中村ら，2012）などは比較的簡便に実施できて解釈もしやすいツー
ルと言える。先にも触れたが，Vineland-II の不適応行動領域や CBCL
（Child Behavior Checklist）（Achenbach, 2000; Achenbach, 2001）[1] も参考
にすべきデータである。

　一方 LD には，残念ながら国際的にポピュラーなツールはないと言って

---

[1]　CBCL や ASEBA に関する質問紙，調査票は，京都国際社会福祉センター（日本
語版訳者 船曳康子）や，スペクトラム出版社（児童思春期精神保健研究会）があ
る。

良いだろう。筆者のアセスメント・チームでは，ウェクスラー式知能検査に加え，STRAW-R（改訂版標準読み書きスクリーニング検査）（宇野ら，2017），ROCFT（Rey-Osterieth Complex Figure Test）（荻布・川﨑，2019）を実施し，また音韻情報処理のインフォーマル・アセスメントや学校での学習状況の実態観察からの結果を包括的に検討している。場合によっては，PVT-R（絵画語い発達検査）（上野・名越・小貫，2008）やK-ABC などの検査を実施することもある。

　また近年，DCD に関してもアセスメントや支援のニーズが高まってきている。DCDQ-J（Developmental Coordination Disorder Questionnaire 日本語版）（Nakai et al., 2011）は DCD の簡便なスクリーニング・ツールであるが，使用の際には開発者への連絡が求められている。Vineland-II では，6 歳まで（または 50 歳以上）運動スキル領域において粗大運動と微細運動のアセスメントが可能である。さらに，感覚プロファイル・シリーズの中でも特に SP では，前庭覚や固有覚に関連する協調・調整機能の状態をある程度詳しく把握することができる。これらの結果を分析することによって DCD 特性存在の可能性やその程度を測ることは，現時点での選択肢の一つと言える。

発達障害に使用可能な標準化検査

　上記のようにスクリーニングの目的で開発されている標準化検査は，ADHD や ASD などを特定するためにその診断基準等に合わせて開発されているために，実施者にとっても選択しやすい。しかし，ほとんどの標準化検査は発達障害に特化して開発されているわけではなく，認知機能など，ある専門領域についてプロファイリングを目的としている。

　アセスメント・バッテリーを組む役目を担っている実施者にとっては，どの検査が発達障害の包括的アセスメントに適しているか迷うこともあるだろうし，同様の領域を測定する複数のツールを比較したいと思われるこ

ともあるだろう。標準化検査を網羅的に紹介することは本書は意図していないため，そのような目的には，他の文献に当たっていただくようお願いする。国際的レベルでの情報把握は，さすがに最新の英語論文をチェックするしか方法はないが，日本で実施可能なアセスメント・ツールに関しては，昨今さまざまな文献が出版されているので，それらを参照するのも一つの手である。以下はその一部であり，参考になれば幸いである。

- 黒田美保（編著）(2015)．これからの発達障害のアセスメント——支援の一歩となるために——　金子書房
- 尾崎康子・三宅篤子（編著）(2016)．知っておきたい発達障害のアセスメント　ミネルヴァ書房
- 下山晴彦・黒田美保（編）(2016)．発達障害のアセスメント　臨床心理学，16(1)，金剛出版
- 辻井正次（監修）明翫光宜（編集代表）(2014)．発達障害児者支援とアセスメントのガイドライン　金子書房
- 辻井正次・井上雅彦（編）(2013)．発達障害のアセスメントを知る　臨床心理学，13(4)，金剛出版

標準化検査をアセスメント・バッテリーに含む際のチェックポイント

どのようにアセスメント・バッテリーを組むかは，アセスメント実施者に任されており，まさにそのプロフェッショナルなセンスが問われるところでもある。医療機関などではその選択に制限がかかることもあるであろうが，それでも実施者はある程度の自信を持ってアセスメント・バッテリーを作っていくべきと思われる。その際の選択に関して，蛇足と言えなくもないがいくつかのチェックポイントを挙げておきたい。

1) その検査を実施する理由は明確か

　アセスメントにおいて標準化検査は，それを実施する必要性があるから実施するのであって，ゆえに実施者はその検査を実施する理由を説明できなくてはならない。わかりにくい言い方になってしまったが，別の言い方をすれば，支援につなげる総合的な考察においてその検査結果内容が反映されていなければ，その検査を実施した意味はない。

　おそらく，筆者を含めて発達障害のアセスメント実施者は，知能検査をほとんどのケースで実施すると思う。おそらくそれには，「とりあえず」といった慣習的な要素がかなり強く含まれていることもあるだろうが，認知機能についての検査結果が考察に生かされていなければ，知能検査を実施する意味はない。たとえ知能検査の全ての領域において50パーセンタイル周辺の結果であったとしても，適応行動レベルなどの他の検査結果を含めた包括的考察では，単に「知的に問題ない」だけの分析にはならないはずである。

2) その検査の内容・構成や標準サンプルは今に適しているか

　標準化検査は，標準サンプルをもとに尺度が作られ，それで対象者の状態を測定している。時代とともに生活様式は変わっていき，それ以外にもさまざまな要因によって人間は変化している。だとすれば，定期的な尺度の新調は必要であり，標準化検査では再標準化という作業が行われる。最もポピュラーな標準化検査であるウェクスラー式知能検査で言えば，WISC-IV は WISC の第4版，つまり4回目の再標準化ということになる。この改訂作業の際にはたいてい，検査内容や構成も改訂時の状況に合わせて修正がされることが多い。

　残念ながら，日本では標準化尺度の改訂版が出版されにくいと言って良いだろう。特に，原版がアメリカなどの海外である場合，版権や翻訳，再標準化の手間などさまざまな要因によって原版よりも日本版の改訂はだいぶ遅くなってしまう。これはある程度仕方のないことではあるが，原版と

日本版の出版年の違いが数年以上にもなってしまうのは甚だ遺憾である。

　また,「慣習的」に古典的な検査を使い続けてはいないか,在庫のアセスメント・ツールをチェックすることも必要である。「慣習」で使っているのであれば,その検査を実施する理由は明確ではないし,エビデンスも十分ではない。なによりも,それらの検査が作られたのは,現在の発達障害特性が研究されるずっと以前かもしれないのである。もちろん,そのような場合でも発達障害特性の把握に必要なツールである理由が明確に存在する場合は別の話ではあるが。

　検査の初版や改訂版が出版されてそれが広く使用されるまでには数年はかかるので,何でもすぐに新調する必要はないと思う。しかし,標準化検査は標準サンプルによって成り立っている以上,アセスメントしている「今」にそれが合っているのかチェックすることは,実施者としての義務と考えている。

3) その検査の実施に関するエビデンスは十分であるか

　標準化検査は,新しければ何でも良いというわけではない。現在,国際的にスタンダードとして使われている検査のほとんどは,その信頼性や妥当性はもちろん,研究における測定ツールとしての採用例や,専門機関での実施数,国や国際規模での利用などのエビデンスが豊富にある。信頼性・妥当性のほとんどは統計的エビデンスであり,そのツールが「測定する」面においてどれほど優れているかの指標にはなる。しかし,アセスメント実施者としてはそれに加えて,「どれほど」「どのように」そのツールが用いられているか,つまり臨床的エビデンスとも言える情報は押さえておくべきである。ツールによっては,伝統的に使われて来たために臨床的エビデンスが不足していることに気づかれずに,改訂版が出ているからというだけで使われてしまっているものもあるかもしれないので,注意が必要である。

4）その検査は，実施者自身が理解しており，他者にも説明可能であるか

　当然のことであるが，標準化検査は対象者を測定するツールである以上，その使い方を実施者が熟知していることは，本書の冒頭部分で触れたアセスメントの前提に含まれている。検査によっては，実施者の資格を厳密に定めていることもあるし，国や学会等で指定されている場合もある。一方，「慣習的」にこの検査は特定の○○士を持った者が実施していることもあるだろう。筆者自身は，その検査を使用するための十分な専門知識と訓練がされていれば良いと思っている。

　例えば，感覚プロファイル・シリーズは，開発者がアメリカの作業療法領域の専門家であったため，出版当初現地では，実施者は作業療法士がほとんどであった。しかし，当時（というか現在でも），感覚処理特性に詳しい作業療法士は非常に少なく，また特別支援教育の場でのアセスメントのニーズは高かった。さらに，急激に増加している ASD 傾向における感覚処理特性のアセスメントや支援のためには，さまざまなバックグラウンドの専門家が感覚処理特性に取り組むことが常態となっていった。そのため，このツールは，専門領域に縛られずに感覚処理特性の研究や支援に関わっている専門家たちによって使われている。

　これまで述べたような，特定の標準化検査を実施する理由やエビデンスの把握ができている実施者であれば，検査結果の解釈も十分できるはずである。さらに，その結果を，対象者，その家族，関係する支援者や専門家に説明できることが望ましい。

第 3 章

インフォーマル・アセスメントの意義と実践

包括的アセスメントにおける「インフォーマル」なアプローチ

　インフォーマル・アセスメントは，フォーマル・アセスメントとは異なるアプローチを意味する。これらの用語をストレートに捉えると，標準化されたアセスメント手法は「フォーマル」，つまり「公式」であり，標準化されていないアセスメント手法は「インフォーマル」，つまり「非公式」なものとなってしまうが，実際はそうではない。これは単に標準化尺度の使用の有無で分類しているだけであり，この2つのアプローチに関して優劣はない。実際はむしろ，これら双方のアプローチを同等に用いたアセスメントが理想なのである。

　インフォーマル・アセスメントでは，標準スコアやパーセンタイル値など，何がしかの基準と統計学的に比較可能な結果が得られない反面，より対象者個人の詳細な情報を収集し特性把握できるメリットがある。つまり，フォーマル・アセスメントが「今どうなの？」を把握する手段であるならば，インフォーマル・アセスメントは「どうやっているの？」を分析する手段と言える（Hagiwara, 2001-2002）。例えば，文章を書くことについてのインフォーマル・アセスメントのアプローチでは，文字の書き方，用語，文法，文章作成などの側面において，対象者個人独特の傾向や，エラー・パターンなどが分析可能である。

　インフォーマル・アセスメントでは，フォーマル・アセスメントほど実施方法が厳密に指定されていない場合が多いが，体表的な行動観察アプ

ローチを確立している応用行動分析（ABA）は，これまでの研究や実践の蓄積によって，その手法はかなり体系的に整理されているし，テキストとなり得る資料も手に入りやすい。インフォーマル・アセスメントでは他にも，一定の情報収集方法がパッケージ化されているものや，チェックリストのような形態になっているものもある。アメリカでは，このようなインフォーマル・アセスメント手法は支援手段と合わせたパッケージとなって，特にLDなどの学習困難，ASDを中心としたソーシャルスキル・トレーニングに関して家庭や教育環境で実施可能なものは多く出版されている。現地における筆者の経験のみの感想であるが，アメリカ全土で用いられている，いわゆるスタンダード化しているインフォーマル・アセスメント＆支援のパッケージは見られず，保護者や教師は自分たちが使えそうなものを，カンファレンスやワークショップ，インターネットなどの場を介して「ショッピング」している感じであった。

　結局のところ，どのようにインフォーマル・アセスメントを行うのかは実施者に任されている。これは対象者について詳細なアセスメントを可能とする利点があると同時に，実施者は個人のニーズに合わせたアセスメント手段の選択や実施について一定の知識とテクニックを獲得している必要がある（Hagiwara, 2001-2002）。

インフォーマル・アセスメントのデータ

　フォーマル・アセスメントと比較して，インフォーマル・アセスメントの手法は多種多様であり，また扱うデータも同様である。例えば，ある中学1年生の授業中のふるまいを観察する場合，授業時間内の離席や課題従事時間の割合，手を挙げるなどの適切な発言とそうではない不適切な発言の回数は，数値で表されたデータとなる。一方，それらの行動についてはもちろん，他に教室環境や教師・クラスメートの反応，特定の行動の前後関係などは，チェックリストや記述によるデータとなる。さらに，教室の

様子を録画する手段も考えられる。インフォーマル・アセスメントでは，対象者個人についてより深く知ることがその主な使命であるから，一つの側面や環境についてさまざまな種類のデータを集約することが望ましい。

このような多様なデータを収集・分析していく際，フォーマル・アセスメントでは統計学や厳密な実施方法などによって誤差や偏りを最小限に抑えるが，インフォーマル・アセスメントではそのような方法をその過程で用いることができない。そのため，まずはデータを誰が見ても，同様な捉え方ができるような手段を講じる。ABA では，行動観察を開始する前に操作的定義を行う。操作的定義とは，観察対象となる行動を「具体的かつ測定可能なもの」として定義するプロセスである。例えば，「二桁の数同士の掛け算を学習した」こと自体ははっきりと目に見えるものではない。そこで操作的定義では，例えば二桁の数同士の掛け算の問題 20 問中 16 問，つまり 8 割以上正解だったならば学習したこととする。こうすれば，誰が観察しても同様な解釈が可能となる。ABA において操作的定義は非常に重要なプロセスであり，いくらたくさんのデータ収集を行っても，観察対象行動が操作的に定義されていなければそのデータの信頼性はないに等しい。教育・福祉の支援現場で，絶対的な操作的定義を行う主義を貫く必要はないが，「きちんと・ちゃんと…」「年齢相応の…」「楽しく…」「十分な…」などの表現だらけのアセスメントや支援になりがちな場合は，できる限りの操作的定義を実践していただきたい。

日本において，特殊教育から新たに特別支援教育が発足する際の重要な改革の一つであった個別の教育支援計画は，イギリスの Individual Education Plan（IEP）やアメリカの Individualized Education Plan（IEP）をもとにしている。アメリカの IEP は，1970 年代から全ての特別支援対象生徒に策定が義務化されており，国際的におそらく最も早い IEP 施行の一つと言える。2004 年の大幅な法改正によって，アメリカの IEP に記載される支援目標は，学習や適応行動などの領域に関わらず，操作的定義と同様に具体的に支援対象を定義し，支援目標や進捗は数値によって測定

可能なものでなければならなくなった。

　例えば，「ジョージは，小学3年生で習う単語の8割以上の綴りを学年末までに書くことができる」というIEPの目標が，学年開始時に立てられたとする。その目標に対しての具体的な支援計画がその後に続き，測定手段，例えば1週間ごとの20問構成の小テストの実施および月ごとの確認テストの実施などが明記される。担当教員は，ジョージに対して個別の支援に加えてそれらのテストを実施し，テスト結果をグラフなど視覚的にわかりやすい形で記録していく。それらの数値データに加えて，支援におけるジョージの様子や反応などの記述データも記録する。また進捗についての定期的なレビューにおいて，目標どおりに期待された支援効果が得られているかが検討され，検討結果によっては適宜支援内容の修正がされる。

インフォーマル・アセスメントでの観察

　日常生活の行動やふるまいについて，実際の支援現場では，支援者（観察者）の主観にもとづいた判断がされる場合が多いのではないだろうか。例えば，クラスやグループ単位での活動に課題が見られるケースの場合に，「ケンジさんは今学期，みんなと仲良く活動できることが多くなりました」などの記述報告はよく見られる。この支援対象行動に関する観察および判断が，例えば教員Aによるものであった場合，同じく支援に関わっている教員Bの観察点や判断は教員Aと異なるかもしれない。特に数値データが少ない場合は，支援者の主観で判断が大きく左右される。アセスメントの信頼性を確保するためにも，複数人の観察および判断，そしてできる限り数値データを得ることが求められる。そのためには，観察すべき集団活動，活動参加の具体的データなどは，支援チームにおいて支援実施前にあらかじめ決められていることが必要である。

　支援環境によって可能となる手段は異なるが，上例のようなケースで

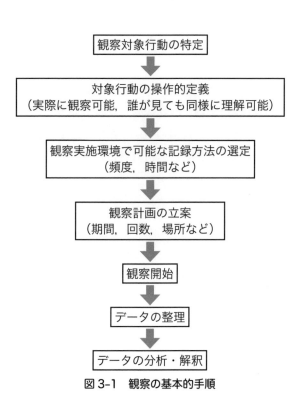

図 3-1　観察の基本的手順

は，対象児の学級全体や班の活動に参加していた時間やその割合，活動時の不適切行動や離脱の回数，他児との交流回数などを継続的に観察・記録する。このような手続きによって，支援対象の「集団活動への参加状態」が，比較的具体的で偏りの少ないデータをもとに判断可能となる。インフォーマル・アセスメントでは，どれが正解でどこまでが十分という判断はしにくく，また環境によって数値データが記録できない，また観察が継続的に行えない場合もある。重要なことは，主観性や曖昧さがどれだけコントロールされているかであり，たとえ少しでも具体的データが含まれていれば，複数人で検討しても同様な判断が得られやすくなるし，他職種との共有や引継ぎにおいても誤解などの問題発生は起こりにくくなる。

　インフォーマル・アセスメントにおける，頻度，時間などの数値データ

は観察実施前にデータ収集の計画を立てることが望ましい。これに関する手続きは，ABA のテクニックを参考にされると良いだろう。しかし，実験的で厳密な科学的手続きが通常のアセスメントで常に要求されるわけではないので，家庭，教育・福祉機関などの各環境で実践可能な手続きをアレンジすると良いだろう。観察の基本的手順の一例としては，図 3-1 のようなものが考えられる。

記述データの留意点

　記述データはインフォーマル・アセスメントにおいて，対象者の状態や周りの環境との関係を詳細に分析するために不可欠であり，詳細な観察記録を取ることは，アセスメント実施者にとって必要なスキルの一つである。先述の集団参加のケースで言えば，記述データによって「どのように参加していたのか」を知ることができる。再三の経験談で申し訳ないが，アメリカの大学院において筆者がアセスメントのトレーニングを受けていた期間中，観察は「見たことだけ」を記録するように繰り返し指導を受けた。

　例えば，「メアリーはみんなといっしょに遊んでいた際，とてもうれしそうだった」と記述したとする。このメモにおいて事実かどうかわからない，記述者による判断の割合はどのくらいだろうか。まず，「みんな」とはクラス全員かそれともどのようなグループか不明である。また，「うれしい」とはある行動やふるまいを見て推測されたものであり，実際「うれしい」につながるどのようなふるまいがメアリーに見られたかはこのメモからはわからない。さらに言えば，「とても」という強調表現がどれくらいの程度を表しているのかは観察者独自の基準に従っている。最後に，そもそも何の遊びだったかも不明である。

　この例はいささか大げさすぎる感じもあるが，実際これに類似する記述データは珍しくない。観察者は実際には，「メアリーが 3 人のクラスメー

ト（ナンシー，ジム，テッド）と魚つりゲーム（Let's go fishin'）をして
いる。順番に釣る番を交代し，メアリーは自身で釣れた時には「イエー
イ」と叫び，「他の子どもが釣った際には手を叩いて笑った」ことを見て
メモをしたかもしれない。アセスメントで用いられる記述データにするた
めには，このように見たまま記録することについて最大限努力しなければ
ならない。「みんな」「遊ぶ」「とても」「うれしい」はすべて観察した事実
をベースとした記録者の推測であり，これは観察記録ではなく，記録時に
すでに観察者の分析が加わってしまっている。このように書いてしまう
と，対象者のふるまいの再検討や他のアセスメント実施者との共同作業が
困難になってしまう。

　記述データが詳細に記録され，また豊富にあることは，より深い分析や
正確な判断につながる。しかし，データの質が保証されていない限り，観
察者の努力が報われない結果となってしまう。たとえ観察記録に推測の部
分が含まれてしまっても構わない。重要なのは，その推測のもととなった
「見たまま」の記録もそこに記されていることなのである。

アセスメントとしてのインタビュー

　評価対象者本人，家族，教師・支援者などの関係者へのインタビュー
（面接）は，観察と同等に重要なインフォーマル・アセスメントの手法で
ある。インタビューは，構造化（strucutured interview），半構造化
（semi-strucutured interview），フリースタイルと，大きく3つにその方
法が分けられるかと思う。構造化インタビューでは，事前に質問内容が明
確に定められており，実施者が質問項目をほぼ逐語読みするような形でイ
ンタビューが行われる場合もある。これは，実施者によってインタビュー
内容が大きく異なることが危惧される場合などには必要な措置である。し
かし，人間味のない形式的すぎるインタビューでは，回答者から十分な情
報を引き出し得ることが難しいのは当然予想されることである。そこで，

質問内容はあらかじめ決めておくが，インタビューのやり方は実施者に原則任されている半構造化インタビューがより実用的と言える。インタビューでは，実施者と回答者間のやりとりがデータ収集手段の全てであるから，インタビュー実施者のコミュニケーションスキルは事前にチェックすべきポイントであるし，相当量のトレーニングやスーパーバイズは必要である。一方，質問内容なども全く事前に決めていないフリースタイルは，アセスメントに必要なデータを得るためには偶然のファクターがあまりにも多く，信頼性が低いため避けた方が良い。

　インタビューの内容は回答者によって調整する必要があるが，ある程度共通した内容をあらかじめ設定しておくと便利である。図3-2および図3-3は，回答者が対象者の家族および教育・福祉機関スタッフの場合の質問内容の例である。両方の内容を比較して，家族と機関それぞれの立場から見た家族または機関についての質問があることに注目してもらいたい。発達障害の支援では，家庭や学校など，当事者が日常過ごす異なる環境で共通した支援実施が理想的である。このためには，サービス提供者である教育・福祉機関と消費者である家庭が，一定の共通認識レベルに達していることが重要となる。インタビューによってお互いの認識や意見に相違が発見された場合，支援では対象者だけでなく，家族や機関に対しても何らかのアプローチが必要かを分析する。

　インタビューを実施する際に筆者が特に気を付けていることは，対象者の年齢に関わらず「褒め方」について質問することである。家庭や各機関において，対象者に対する褒め方とそれに対する対象者の反応はどうかを具体的に知ることは，のちに支援手段を考える段階で大いに役立つ。多くの場合，対象者に適切な行動や成功が見られた時，家族や支援者が褒める行為が見られるはずである。その時，対象者にその「褒め」が効果的に理解されているか，また褒めたのちに同様な適切行動が以前にも増して見られるようになったか，成功体験によってより集中して取り組むようになったりしたかなどをインタビューでは確認する。データ分析において特定の

主訴や期待 ・家庭において期待すること ・学校に期待すること ・学習や就労 ・将来に向けての思い ・現在困っていること	**機関における支援** ・対象者の課題 ・機関で困っていること ・実施している支援とその経過 ・主に支援に関わっているスタッフ
学校との関係 ・これまでの経緯 ・家庭と教育・福祉機関との関係 ・教師や支援員との関係	**家庭との関係** ・保護者との関係 ・コミュニケーションの方法 ・コミュニケーションの頻度
生育歴 ・出産時 ・発達の過程 ・健康状態 ・医療機関の利用	**対象者の様子** ・得意なもの ・問題となっているもの ・学習・作業スタイル ・成績・業績
家庭環境 ・家族構成 ・対象者と家族との関係 ・家庭でのしつけやルール ・対象者が自分でできること ・対象者に補助が必要なこと ・家庭における褒め方	**機関の環境** ・学級・作業空間のサイズ，人数 ・スタッフや他者との関係 ・照明やノイズの状態 ・学習や作業のスケジュール ・機関における褒め方

図3-2　主なインタビュー項目：家庭　　　図3-3　主なインタビュー項目：
　　　　　　　　　　　　　　　　　　　　　　　　　　　　教育・福祉機関

褒め方に効果があると判断された場合，支援内容にそれを組み込むことによって支援効果を高めることが可能となる。または，その褒め方が行われていない他の環境での実施を促すことによって，対象者にとってより適応しやすい生活環境へと調整が可能となる。対象者の「褒められた」ことへの反応は行動観察の際にも重要なポイントであり，これについては学習特

性のテーマにおいて後述する。

　一つの環境でも，インタビューはできる限り複数の回答者に実施することが望ましい。これまでも繰り返し述べてきたことであるが，インタビューのように主観性が強いデータを収集する場合，主観の偏りの有無がデータ分析時にある程度わかるようにすることが大切である。個人の見方や感じ方もそうであるが，支援対象者との関係も，同じ機関内でもスタッフによって異なることはあるし，家庭でも母親と父親，祖父母など家族メンバーによって回答が異なるケースはよく見られる。

アセスメント・データとしての記録物

　インフォーマル・アセスメントでは，対象者に関連する過去の記録も重要なデータである。特別支援教育において，個別の教育支援計画はその代表的なものであろう。個別の教育支援計画の内容やフォーマットは各自治体の教育委員会によって違いはあるが，「特別な教育的ニーズの内容」「適切な教育的支援の目標と内容」「教育的支援を行う者・機関」の3つは，文部科学省のウェブサイト（https://www.mext.go.jp/b_menu/shingi/chousa/shotou/054/shiryo/attach/1361230.htm）で指定されている。つまり，個別の教育支援計画が家庭を中心に対象者の関連機関で共有され，適宜書き足されているならば，対象者の年齢や居住地域に関わらずデータは継続的に保存されている。このようになるためには当然，個別の教育支援計画がそのように使用されていることが大前提であり，もしこの支援計画が正しく利用されていない場合には，アセスメントにおいて重要なデータが欠落してしまっていると言って良い。別の見方をすれば，個別の教育支援計画の利用が適正に継続されている場合，アセスメント実施者はほぼ自動的に対象者に関するこれまでの記録データを入手できることになる。

　おそらく教育・福祉機関に保存されている多くの記録は，（過剰に一人

歩きしている感のある個人情報守秘体制によって）異なる支援機関の間で共有することは現状では困難である，またはそのように思われているから，慣例的にあまり行われていないのかもしれない。個別の教育支援計画は原則，保護者など対象者の家庭に帰属するものであり，対象者についての各関連機関の記録が全てこの計画のファイルに蓄積されていけば，アセスメント実施者は保護者の了解のもと，さまざまな記述データにアクセスできるのではないだろうか。実際，筆者が行うアセスメントにおいて，保護者が個別の教育支援計画はもとより，対象者が利用する機関の記録を持参していただけるケースでは，対象者の生活環境全般にわたるアセスメントが可能となり，より現実的な支援計画が立てやすくなる。

　個別の教育支援計画や学校の成績のような記録とは若干異なるが，対象者の製作物もアセスメントにとっては貴重なデータとなることが多い。心理検査や学習検査などで，子どもに何か絵を描かせたり問題を解かせたりすることはよくある。それらのデータとは異なり，その子どもが普段の生活で描いたり勉強したりしているものは，より自然体で，より幅広い範囲のデータと言える。対象の子どもによる最近のお絵描き，工作，ノート，ワークブック，試験答案などは，可能ならばインフォーマル・アセスメントのデータとして加えておきたい。また，保育・幼稚園や学校を訪問する形で対象の子どもを観察する時に，展示物や掲示物も同時に見ておくことだけでも，標準化検査では得られない情報を引き出せることもある。

　インフォーマル・アセスメントは，フォーマル・アセスメントとは違って，「必ずこうやらなければならない」といった，厳密な構成や手順のルールが定まっていない。どのようにインフォーマル・アセスメントを行い，包括的アセスメントの一端を担わせるかは，全て実施者に任されている。この曖昧さが，現行のアセスメントにおいてインフォーマルなアプローチが不足している原因の一つと思われるが，十分なインフォーマル・アセスメントなしに対象者個人に関する包括的分析や生活環境に合わせた支援には至らないことは，これまで述べてきたことから察していただけた

と思う。インフォーマル・アセスメントが「マイナー」なもう一つの点は，このアセスメント手段の多くは本来教育や福祉環境といった，支援現場で行われるべきものであり，別の言い方をすれば，それら現場の支援者がインフォーマル・アセスメント実施者であることが明確にされていないことにある。

支援現場で実践可能なインフォーマル・アセスメント

　これまでにも繰り返し述べてきたように，2，3の標準化検査の結果のみで対象者の実態全てが把握できるわけはなく，当然その支援につながる手立ても不十分である。検査等を専門的に実施する医療・心理等の施設やそのスタッフはアセスメントのプロフェッショナルであるから，データの収集や分析には長けている。しかし，彼らによる検査や観察の機会は対象者の日常生活の一部に過ぎず，日常生活のサンプルであるそれらのデータが日常生活全体を代表するにふさわしいかは不明である。そこで，日常的に支援対象者と関わっている支援者によるインフォーマル・アセスメントの実施によって，対象者の日常生活の実態把握をより明確なものとする。

　ここでは，学校をはじめとする教育環境において実践可能なインフォーマル・アセスメントのアプローチを紹介する。これは基本的に現場にいるスタッフ，つまり教員等が実施するアセスメントであり，つまり特別支援教育で日常的に実施するべきものと捉えていただいて良い。もちろん，学校等でのアセスメントは独立しているわけではなく，標準化検査を中心としたフォーマル・アセスメントと合わせた包括的な分析に含まれる。現場で得たデータは，特に支援のモニタリング，修正に役立つ。これから紹介する学習特性のアセスメントは支援対象児童や生徒のいわゆる「キャラ」を探るものであり，また診断的授業は授業中に実施可能なアセスメント・テクニックである（Carlson, Hagiwara, & Quinn, 1998; Hagiwara, 2001-2002; Myles et al., 1989）。

この 2 つのアプローチは，アメリカのカンザス大学で 1980 年代頃から試みが開始されたものであり，筆者自身もそれらについて教育を受け，その後引き続きカンザス大学のアスペルガー症候群の子どもへの支援に特化した教員養成プログラムで大学院生に教え，また学校現場での実践に関わってきたものである。1980 年代頃の知的障害を持たない児童生徒への特別支援は，LD に関するものが主であった。ADHD や ASD への教育的アプローチはまだ本格的に研究や実践がされておらず，また，LD というカテゴリーに現在では ADHD や ASD の特性を持つと思われる児童生徒が多数含まれていた。これらのアセスメント・テクニックは，発達障害やそこに含まれる診断名に対してというよりは，学校環境における学習や適応困難のある児童生徒に対するものと捉えていただきたい。

特別支援教育の分野で開発・実践されてきたアプローチではあるが，フィールドは異なっていてもその特性への支援という点では変わりはないので，福祉機関でも十分応用可能と思われる。特に対象者の年齢を問わずスキル獲得に関連する支援では，学習特性と診断的授業のアプローチは参考にしていただけると思う。

学習特性

学習特性の原語である，Student Learning Traits を平易な日本語で訳せば「児童生徒の学習キャラ」とでもなるだろうか。発達障害特性や他の障害特性の有無に関わらず，誰でも独自の学習スタイルを持っている。日本の学校では「みんな同じ」やり方や行動が原則基本であり，多くの子どもたち，つまり平均域にある彼らはその範疇である程度適応していると言える。しかしその平均域から外れている子どもたちにとっては，学校で教えられているやり方や生活パターンに適応することが難しく，結果的に学業不振と見られていることも少なくない。つまり，環境要因によって学習困難が生じているのである。現在の特別支援教育では，合理的配慮を中心

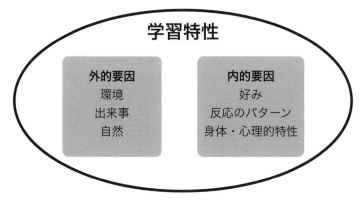

図3-4　学習特性を決定する要因

としたインクルーシブ教育環境が推進されている。児童生徒がそれぞれど
のような学習特性を持っているかについてアセスメントすることは，現行
の教育方針をより効果的なものにするためにも有益と思われる。

　個人の学習や行動スタイルに影響する要因はさまざまであるが，図3-4
にあるようにおおまかに外的要因と内的要因に分けることが可能である。
外的要因として，子どもの家庭や学校環境，これまでの生活で起きた出来
事，また災害等自然の影響も考えられる。これらは子どもが意図したもの
ではなく，また予測不可能な場合が多い。つまり，子どもにとってコント
ロールが難しい要因とも言える。もし支援対象の子どもの環境適応に関し
て特定の外的要因が特定され，またそれが調整可能である場合には，環境
調整のアプローチが支援の一環として考えられる。

　一方，内的要因としては，自分の好き嫌い，特定の刺激や環境の変化な
どに対する反応の度合いが考えられる。また，より包括的に身体的・心理
的な特性と捉えることもできる。これらは個人をアセスメントすることで
ある程度のパターンを把握することが可能であり，学習特性のアプローチ
では主にデータ収集や分析がされる領域である。さて，それでは学習特性
を図3-5に示すようなカテゴリーに分けてもう少し細かく見ていく。

<table>
<tr><td>

学習スタイル

記憶パターン
情報処理パターン・速度
模倣と般化
習慣・くせ

</td><td>

ストラテジー

種類・使い方
自己モニタリング・修正
環境・情報整理手段
問題解決スキル

</td></tr>
<tr><td>

行動パターン

問題行動
他要因との機能的関係
ほめ方・注意の仕方

</td><td>

環境調整

予測性と対策
ストレス時の対処手段
自己調整可能な点
支援が必要な点

</td></tr>
</table>

図 3-5　学習特性のカテゴリー

1）学習スタイル

　学習スタイルでは，子どもの学習行動に直接関連する点について，できる限り詳細に調べていく。長期記憶や短期記憶，機械的記憶や意味のある記憶，また情報処理の速度やパターンなどは認知特性であり，知能検査などの標準化検査の結果を利用することができる。また，日常の授業でも，一部のパターンについて調べることが可能である。

　例えばある子どもは，授業で教員が言ったことや教科書やワークに書いてある内容をほぼ逐語で記憶していることが多く見られる。ところが，運動会などのイベントや長期期間中に読んだ本について発言する場面では，イベント内容の時系列での報告や物語の場面推移を詳細に述べるのみで，全体的な様子や自身の感想などがほぼ含まれない。また，ワークやテストにおいて「あらすじ」や「大意」を述べる設問への取り組みを嫌う。この

ような日常が観察される際には，この子どもはものごとを記憶する際には自分なりに概念化するよりも，そのままを機械的に覚える方が得意であるとの推測ができる。もしこの観察結果が知能検査等での認知特性のプロファイルと一致すれば，より明確に個人の特性が把握されたことになる。

　学習活動にとって，模倣することは重要な基礎能力である。子どもは生まれた時から保護者など身近な人間のふるまいを真似し，園や学校でも先生や他の子どもを真似している。また，ごっこ遊びは模倣スキルなしには成り立たない。真似ることによって環境における適切なふるまいを学習し，必要に応じて取捨選択していくことによって個人特有のスタイルが確立されていく。ところが，多くのASDのスクリーニングには真似をする行動の有無をチェックする項目が含まれているように，発達障害の特性のある子どもは日常的に模倣が少ないことが指摘されている。学習特性の観察においては，子どもがどのように真似をするのかを分析することがポイントである。例えば，クラス単位の一斉授業やグループでの共同作業時，また，教員がお手本を示すモデリングを行った時に，

- 自分から真似をする
- 促しを受けて真似をする
- 具体的にどこを見るか明示されてから真似をする
- 真似をすることがない

のいずれかを特定する。

　学習したことや獲得したスキルを他の場面で使っていくこと，また日常生活全体で継続的に使っていくことを般化と呼ぶことがある。教科学習ではある授業で習ったことを他の場面で使っていく，またソーシャルスキル・トレーニングでは，ロールプレイングや特定の環境でならできることを日常生活でも行っていくなどである。発達障害特性のある子どもにとっては，このような般化が苦手な場合が多い。もちろんその程度はケースに

よってさまざまであるが，特定の環境のみでの学習定着を観察するだけで
はなく，般化がどのように見られるかについても，支援計画を立てる際に
確認しておきたいポイントである。

　学校で教えている，または家庭でしつけられている学習方法が個人に
合っているかはアセスメントしなければわからない。別の言い方をするな
らば，アセスメントによって支援対象の子どもが学びやすいやり方を模索
する。例えば，学習する時は静かなところでやるべきというのは一般論だ
と思うが，ある程度の生活ノイズがないとかえって集中できなくなるケー
スも少なくない。また，椅子に座って背筋を伸ばし，本を一定の角度に保
つような読書スタイルは小学校入学時に一度は学ぶと思うが，そのような
姿勢が読書の質に関して全てのケースで適用するかは疑問である。ちなみ
に，アメリカの学校の図書館の多くはクッションやマットレス，枕などが
用意され，自分が好きな姿勢で読めるような配慮がされている。さらに，
子どもが籠もって読書できるよう小さな小屋や，リラックスできるハン
モックなども設置されている読書スペースも珍しくない。文化的な違いも
あるだろうが，少なくとも個人が自分のスタイルを探索できる機会がそこ
にはある。

　このような学習の習慣やくせには，感覚処理特性や固執性などさまざま
な側面も影響している。これらについてアセスメントする上で留意してお
きたいポイントは，多くの場合，独特な学習スタイルの維持は本人にとっ
て安定につながることである。これは同時に，独自のスタイルと大多数の
子どもたちが行っていることとの相違が大きいほど，環境不適応が生じる
可能性が高くなることにもつながる。つまり，支援においてはなるべく支
援対象の子ども本人にとってやりやすい学習スタイルを維持するプログラ
ムを組むことが大事である。

2) ストラテジー

　ストラテジー（Strategy）という英語は，「方略」や「戦術」などと訳すことができるが，これらの言葉自体普段なじみのないものなのでここでは原語のストラテジーを使用する。学習特性のアセスメントにおいてストラテジーの領域は要の一つであり，支援計画の策定に大いに役立つ情報となり得る。

　学習特性のアセスメントにおけるストラテジーとは，簡単に言えば子どもが課題や問題に取り組む際のやり方である。学校教育では多くの場合，教科の問題の解き方を指導要領に準じてある程度統一された形で子どもたちに教える。教師それぞれのやり方や他の要因によって，そこには多少の違いがあるかもしれないが，全国的にほぼ同様と言えよう。また，学ぶ順番もほぼ統一され，理数系では特にはっきりしているが，単元が学年ごとにレベルアップしていくスパイラル式が採用されている。さらに塾など学校以外の教育機関でも，勉強の仕方についてさまざまなストラテジーが教えられている。

　日常生活面においても，ストラテジーは存在する。教師やクラスメートとの友好的関係を維持していく，自分の意見を発表したり自分の考えを通す，自分にとって不都合な環境や結果を回避するなど，われわれは日常さまざまな場面で問題を解決していかなければならない。

　発達障害関連の特性のある子どもたちの多くは，定型発達と呼ばれる子どもたちに比べてストラテジーの持ち数が少ない。これは先に述べた，模倣する機会が不足していることも少なからず影響している。他者のやり方を真似ることでストラテジーのレパートリーは増え，それらを自分に合うようにアレンジすることによって，独自のストラテジーとなっていく。さらに，個々のストラテジーの亜種を作っていくことによって，同様の場面で微調整が可能となり，より多様な場面に対応できるようになる。つまり，ストラテジーの幅が広くなっていく。発達障害特性のある子どもたちの場合，獲得しているストラテジーを適用する場面は定型発達の子どもた

ちと比べてかなり限定されていることが多く，適応可能な同様の場面に遭遇しても，全く異なる場面と受け止めてしまっていることもある。このように，経験不足や制限された場面認識などが，持っているストラテジーの拡張や新規ストラテジーの学習の障壁となっている可能性は高い。

　ある子どもは，クラスメートからからかいを継続的に受けていた。この子はそれを非常に不快に感じている。当然，からかっているクラスメートに非があるのだが，なぜその状態が持続しているのかの解明には，その場面の観察や当事者を含めた関係者の特性把握が必要である。からかいの対象になっている子どもの観察をした結果，からかいは実にさまざまな場面で見られたのだが，すべての場面において当事者である子どものクラスメートに対する反応は同じであった。つまり，からかわれる内容や，からかう子どもが異なっていても，彼の発するセリフや身振りは同じであった。要するに，彼の持っているからかいに対するストラテジーは一つしかなかったのである。クラスメートたちはそのワンパターンの反応が面白くて，さまざまな場面で彼をからかい，期待される反応が得られることがからかい行為への強化，つまりからかいを持続させる要因となっていた。

　違うケースの子どもは，算数における加減計算を使う文章題に困難が見られるとして，教員らが集中的に観察を行った。この子どもの問題への取り組み方について分析を試みたところ，パターンの読めないランダムな観察結果であり，なんでこれほど正解率が上下するのか，またすべて誤答にはならないのかわからなかった。後述する診断的授業のアプローチにおいて，この子どもがこのような文章題をどうやって解いているのか尋ねたところ，文章題の最後の部分の雰囲気で足し算か引き算か決めていた。つまり，対象行動が出現するのは，文章題の読解や数量概念などとはまったく異なる原因であったのである。

　ストラテジーにはまた，実行機能も深く関与している。取り組んでいることの全体的手順を把握し，解決を見通して今やっていることを確認・修正し，その環境にある情報を整理していくなど，モニタリングと自己調

整，自己修正のスキルが要求される。もちろん，このような側面は，標準化検査で平均との相違度を測定することである程度のプロファイリングが可能であるが，実際の生活でどのように特性が見られるのかについての観察や分析は，個人のニーズに応じた支援につなげるためには不可欠である。

3）行動パターン

　発達障害関連特性の中でも ASD は，知的障害のない，いわゆる高機能 ASD を除けば最も支援の歴史が古い。ASD の支援が教育の一環として試みられるようになったのは 1960 年代であるが，その中心となったのは応用行動分析，ABA（Applied Behavior Analysis）である。この手法は，より高機能の発達障害にも対象が拡大されてきた現在に至るまであらゆる行動やふるまいのパターンを把握し，支援計画に欠かすことのできないエビデンスを提供し続けている。つまり，ABA は発達障害支援とともに発展してきたと言っても過言ではないだろう。

　本書は ABA の専門書ではないので，ABA のテクニックの詳説はしないが，学習特性のアセスメントで支援対象者の行動やふるまいについてデータ収集および分析をする際にも，ABA，とくに機能的アセスメントを応用する。このアセスメントでは，単純に言えばある行動にどのような要因が関与しているのか，その関係性を調べる。ABC 分析はその中でも最もシンプルでポピュラーなテクニックであり，特定行動（B: Behavior）が起こるきっかけとなる事前事象（A: Antecedents）と行動が起こったことによって生じる結果事象（C: Consequences）の 3 つの機能的関係（専門的には，三項随伴性ということもある）を観察データをもとに分析する。

　例えば，ある子どもの頻尿について行動観察した場合，「トイレに行きたい」と授業中に訴える発言を対象行動とした。その行動が学校の日常でどのように現れるのかについて，対象行動の生起および対象行動の前後に

見られた出来事や背景を記録していく。対象行動の頻度にもよるが，ほぼ毎日見られるものであれば，2週間から1ヶ月ほど観察を継続すればある程度のパターンが見えてくるはずである。この子どもの場合，「トイレに行きたい」という行動（B）は教科に関わらず個別の発表，グループに分かれての活動など，教師の講義ではなく生徒の自主的活動という条件下で主に見られ（A），また「トイレに行きたい」という要求には100％教員が教室の外に出る許可を与えている（C）。さらに，トイレに行った時には平均して10分程度は戻ってこないなどのデータが揃った。これらから，Bの行動を中心にAのシチュエーションがきっかけとなり，またCのような対応によってこの子どもの対象行動Bは継続するという，ABCがお互いに関係している，言うなれば機能的関係が成立している可能性が示唆される。

このようなデータ収集および分析は，コンサルテーションに来る心理士などには観察機会や時間が限られており十分実施できない。ABC分析はもともと学校教員向けに開発されたものであり，子どもを日常的に観察可能な教育機関でこそ，充実した行動やふるまいのアセスメントは実施されるべきである。現在の教育現場ではこのようなアセスメントが難しいと言われることが多いが，それでは普段子どもをどうやって見れば良いのであろうか。現在では，ABAに関する専門書や研修，インターネットなどのメディア媒体などによって，教育や福祉機関で実践可能なデータ収集や分析のテクニックが多く紹介されてきている。それらの中から，各支援機関で利用可能な形を取捨選択いただければ幸いである。

学校環境では特に，特定の行動やふるまいについてアセスメントが実施される時，対象となる行動はその環境において問題となっている場合が多い。この問題行動にはさまざまなものがあるが，一つの大きな分け方として，外向性と内向性がある。外向性は主に行動のベクトルが対象者から環境・他者へ向かっており，例えば衝動的ふるまい，他者への攻撃，環境での破壊行動などが含まれる。内向性の場合，ベクトルは自分自身の内面に

向けられており，例えば過度の心配やおそれ，睡眠困難，他者とのコミュニケーションの回避などが含まれる。Vineland-II など問題行動を扱う標準化検査ではよく用いられているカテゴリーであるので，日常的な観察データを整理する際には参考にされたい。

ABA における「正の強化」に代表されるように，適切な行動の生起を促して継続につなげるには，適切な賞賛が支援には必要であることは，行動分析の専門用語やテクニックに精通していないくても日常的に行われていることからも明らかである。しかしこの褒める行動，つまり保護者や支援者などによるこれらの行動が対象者にどのように影響しているかを確認することは，インフォーマル・アセスメントでは見落としがちなポイントである。

ここで言う褒める行動は，褒める側の「褒めた」という認識で判断するのではなく，対象者が「褒められた」という認識をしたかで判断される。もちろん，このこと自体は直接的に観察はされないが，褒める行動によって，対象者の「褒められた行動」がその後出現しやすくなることが一つの条件と考えて良い。また，褒める行動によって，対象者の反応も重要な判断条件である。

例えば，小学校のクラスにおいて，児童は担任によって定められた「良い行動」をすると，あるキャラクターが印刷されたシールをもらえる。それぞれの児童はシールを指定された用紙に貼り付け，10 枚のシールが貼られるごとにあらかじめ決められた「特典」を選ぶことができる。シールに印刷されたキャラクターは大人気アニメからのものであり，「特典」もクラスでは羨望の的になりやすいものであると担任は認識している。これは，ABA では典型的・古典的な，トークンエコノミーと呼ばれるシステムであり，今や世界中の教室で最も利用されている手段の一つである。確かに，クラスの多くの児童にとっては，このシールは魅力的であり，なによりもシールを貯めると「特典」が選べることは，クラス内でかなり得意になれる機会であり，自己肯定感が高められるものであった。しかし，あ

る児童にとっては，そのシールのキャラクターは全く興味のないアニメからのものであり，「特典」もこの児童にとっては選ぶのさえ面倒くさい。さらに，クラスメートの前で「称賛されること」自体，この児童にとっては何よりも嫌なことであった。結局，この児童に対して，このシステムが意図したポジティヴな効果は期待できないことになる。

これはかなり強調された例に感じられるだろうが，これに類似したケースは稀であるとは言い切れない。褒める行動は，100％対象者の受け止め方で評価されるべきものであり，褒める側の「褒めた」認識のみでは，褒めた効果に対する予測や確認はできないことになる。独特なコミュニケーションや社会性の特性を持つ ASD の場合，特に気を付けたいポイントである。

対象者の年齢を問わず，支援において褒めることの効果的な機能が確認されることは，支援全体の成功に直結する。「賞賛→適切行動」の分析も基本的な機能的アセスメントであり，効果的な褒め方を支援に組み込むためにも，賞賛が対象者へ与える影響，対象者にとって好ましい褒められ方などについてのアセスメントに留意されたい。このことに並行して，注意や間違っていることの指摘，適切なふるまいの促しに対する対象者の反応の観察・分析も可能な限り実践すると良いだろう。

4) 環境調整

支援対象者が環境とどのように日常関わっているかをアセスメントすることによって，これから計画される支援の有効性や，そもそも支援が実行可能であるかなどの見通しが可能となる。環境アセスメントの多くは，対象者が特定の環境とどの程度関わっているのかについて調査する。まず，対象者の環境における自身の現状認識の状態，またそれにもとづく「ここでこれからどうなるのか」など見通しの程度，またその間起こり得ることが予測され，それらに対しての対策が立てられているかなどをアセスメントする。

一見複雑な分析が求められているようであるが，中心となる行動観察は，対象者の「先の見通し」に関してである。ADHD 特性に見られる実行機能の問題や衝動性，ASD 特性で指摘されている想像力の課題など，発達障害当事者には結果を予測した行動やふるまいが日常的に見られないケースが多い。一方で，これまでの経験からある程度行動をパターン化してしまい，それぞれの状況を詳細に考えなくても済むようなテクニックを獲得している当事者もいる。もちろんそれは一つの適応行動として，アセスメントの結果に加えられる。

　環境における予測性に関しては，他者との関わりの問題として顕在化していることもある。最近推進されているアクティブラーニングに代表されるような，児童生徒同士による探索的共同作業は，授業環境において相当のウェイトを占めていると思われる。その共同作業を維持・成功させるためには，作業の全体的進行を把握した上での自己の作業の遂行，共同している他者の状態を推測した上での関わりなど，「自分がどう行動すればどうなるのか」をある程度見極めることが重要である。例えばこの共同作業時間において，対象児が含まれているグループで問題が発生することが頻繁に見られる場合，対象児の他者との関わりを観察し，環境における予測性について分析を試みる。

　また，ストレスが高まった際に対象者が行う対応手段についても，環境との関わりのアセスメントに含まれる。ここでは，どう対処するかだけではなく，対象者が自己のストレス状態をどの程度認識しているかについての検討も必要となる。ストレス・マネージメントやアンガー・マネージメント，リラクゼーションなど，最近はさまざまなストレス対処法が広く紹介されるようになってきた。それらの方法のうちどれが対象者に適しているかは，対象者の特性のみならず，対象者自身が日常的にどのような対策をしているかの観察が必要である。また，対象者自身にとっては効果的な手段が存在していても，学校や職場など特定の環境によっては実行不可能なこともある（例：大声でオペラを歌うなど）。なお，この領域のアセス

メントには感覚処理特性（過敏性など）や運動スキル（不器用など）などが密接に関連しているため，これらに関するデータにも注意されたい。

　環境適応に関する支援には，対象者自身の働きかけや対処で解決する場合と，他者を含めた環境側での調整が必要となる場合の2側面について検討する必要がある。そのために，対象者の自己認知，自己調整，固執性，実行機能などに関するプロファイリングを行う。例えば，幼少期では，自分の状態や気持ち，環境が自分にとってどう影響しているのかよくわからないであろうから，必然的に環境調整のウェイトは自主的な働きかけを促進することより大きくなる。しかし，発達障害特性の場合，対象者の発達段階を単純に推測して自己と環境のバランスを決めることは難しい。自己認知などの個人特性の実態把握をしたのちに，環境や人的支援はどのくらい必要なのかを見極める。このことについては，次章の「3段階の支援手段」で再度考えたい。

　アセスメントの最終段階では，それらを総合的に検討することによって，対象者本人の環境への働きかけを促す支援を優先的に計画し，環境の調整がさらに必要な場合，具体的にどこをどうするかを検討していく。

診断的授業

　インフォーマル・アセスメントに含まれる手段には，学校での授業時のように対象者に教えながらデータ収集と分析を行う診断的授業（Diagnostic Teaching）と呼ばれるものがある。この実施には特別なスキルは必要なく，教員など日常子どもに教える仕事に携わっている方々なら無理なく実施可能である。

　診断的授業は基本的に教えている時間，つまり授業時などで行う。基本的には子どもが課題に取り組んでいる様子を観察するのだが，これらアセスメントに費やす時間は長くても15分程度と，授業時間のほんの一部を利用する場合がほとんどである。観察するポイントは主に，

- 課題への取り組み方
- フラストレーションの表れ方
- 自己チェック，自己修正のあり方
- 問題解決スキル（ストラテジー）

である。これらは絶対的なチェックポイントではなく，教員など実施者の判断で自由にアレンジすることが可能であるし，むしろそのようなスタイルを推奨する。

　授業中にワークシートなどプリントを配布して授業時間中に課題に取り組ませることは，通常学級では日常的に行われている。例えば，その授業時で学んだことの反復練習や応用課題，これまでの学習定着を想定したレベルアップ問題のプリントが配布されたとする。生徒たちがプリントに取り組んでいる時間，担当教員は机間巡視を行うであろうが，その時間中に一人の対象児に対して診断的授業を実施することができる。

　上に述べたポイントに沿って対象児を観察するならば，まず教員は，対象児がプリント問題に対してどのように取り組んでいるかを観察する。体勢，課題従事の継続時間，独り言など，「目に見える」行動をメモしていく。また，解くことが難しい問題に遭遇した際には，その時に見られた行動も記録する。さらに，回答し終わった問題を対象児は見直しているか，また間違いを見つけて自分で修正しているかについてもチェックする。見直しはしているが間違いに気がつかないことは，支援を考える際に重要な情報となる。そして，このプリント作業全体を通して対象児が用いている問題解決スキル，つまりストラテジーは何かを探る。つまり診断的授業は，前述した学習特性のアセスメントの一手段と捉えていただいて良い。

　多くの課題作業は，回答に至るまでの全体のプロセスをいくつかのステップに細分化できる。例えば計算ならばアルゴリズムに従うプロセスがあり，また文章作成ならテーマの立て方，起承転結などそれぞれ目的に応

じたプロセスが授業では提示される。このような課題に対象児が取り組む時に，それぞれのステップが対象児自身によってどのように解決されていくかを観察し，適宜指導をする。あるステップで対象児が止まってしまっている場合には，まずヒントを与えてみる。そのヒントによって次のステップへ移行すれば問題ないが，それでもそのステップが解決されない場合は，正しいやり方を教える。図3-6は，このような流れの一例のフローチャート化である。診断的授業のアプローチでは，たとえ残りのステップ全てをヒントではなく教えなければならなくなったとしても，対象児が最後のステップまでたどり着くことを優先する。

　課題によっては，いくつか異なるアプローチが考えられるものもあるだろう。また，対象児の学習スキルの発達レベルによってそれらのアプローチが異なっていくこともある。例えば初期段階の小学校算数では文章題に取り組む際，問題内容を具体的に把握するために絵やアイコンを黒板に貼ったり，算数セットなどを用いることがある。このような場合，子どもたちが問題解決のためにどのアプローチを選択するか観察することが可能である。やり方はさまざまであるが，個別に観察を行う場合は，まず文章だけで問題提示し，それで解答できない場合に算数セットの使用を勧め，それでも難しい場合にはより実物に近いもの，つまり文章題に出てくるリンゴやミカンなどの絵や模型などを使わせてみる。クラス単位などの集団の観察においては，3つのアプローチを一度に提示して子どもに選ばせるなどが考えられる。この例では，課題解決に具体性の異なるどのアプローチが可能かどうかをチェックすることがアセスメントの目的であり，どのアプローチを選択しようが正答につながれば良い。

　このように診断的授業は，対象児の学習スタイルの一部をサンプリングして検討するインフォーマル・アセスメントの手法であり，授業時間を利用して比較的短い時間でサンプリングが可能で，日々の授業で連続して実施することでさらに詳細なデータを得ることができる。診断的授業で得たデータの分析であるが，支援に直結するためには子どもの学習に関するレ

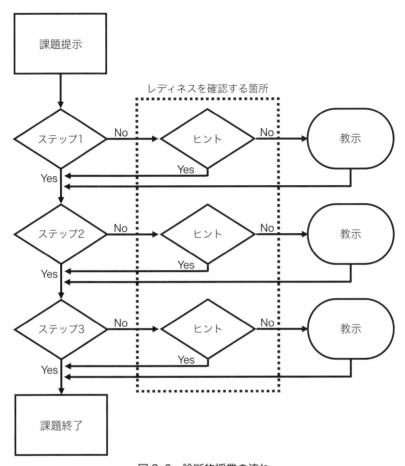

図 3-6　診断的授業の流れ

ディネスを見る。つまり，課題を完遂することはできないが，ヒントや具体的操作によって回答までたどり着くことができる場合には，その課題について学習するレディネスがあると判断できる。先の例で言えば，より実物に近いリンゴやミカンのモデルを用いれば文章題の内容が理解できる場合，次のステップとして，算数セットなどの具体物ではあるが，やや抽象的な「見立て」が要求されるものを用いるアプローチが学習支援として考

えられる。別の言い方をすれば，文章を読むだけ，またノートの余白に○などで図化するアプローチは現段階では難しいという判断となる。

特別支援教育における個別や少人数の通級指導や支援学級指導では，学年カリキュラムよりも個人の学習特性に合わせた学習指導が求められる。診断的授業のアセスメントは，そのような学習環境に用いられる支援計画に必要な情報を提供することが可能である。また，改めて時間や場所を設定する必要のある単独のアセスメントではなく，学習指導の一環として日常的に行えるため，インフォーマルな学級全体の把握から若干構造化された机間指導，個別指導まで，幅広く手軽に実施いただけると思う。

性行動に関するアセスメント

発達障害，特に ASD に対する性に関する問題や支援は，最近注目されている領域の一つと言って良いだろう。性生活の充実は個人の QOL に密接に関連しており，それは世界保健機関（World Health Organization: WHO）による QOL 尺度，WHOQOL26（WHO, 1998）に性生活についての満足度に関する質問項目が含まれていることからもわかる。ASD を中心とした発達障害当事者の性行動に関わる文献は，増加傾向にある。また筆者自身，国際学会等における発達障害の性行動や性の健康度に関するシンポジウムの数が増えてきていることを実感している。これらの傾向を見れば，発達障害の性行動に対するアセスメントはもっと開発されるべきであるし，当事者それぞれが抱える問題への支援手段は充実していくべきなのであろうが，現時点では未だ試行錯誤の段階にあると言って良い。

性に関しては，国や地域それぞれの文化や慣習，宗教観などさまざまな要因が関係しており，国際的に統一された捉え方があるわけではない。むしろ，発達障害のアセスメントや支援において，性行動ほどその捉えられ方が幅広い領域は少ないと思われる。これは，性の健康度や性教育の実践についてユニバーサルな概念や具体的手段，そして評価方法を確立するこ

とが困難となっている中核的問題と言える。

　残念ながら，現時点において発達障害の性行動の傾向について，エビデンスにもとづいた考察は十分になされておらず，性に関する「特性」の存在はわかっていないと言って良いだろう。これまでの学会での報告や数少ない論文は，知的障害のない ASD 当事者の性差，性指向，恋愛，性的欲求などの実態把握が中心である。筆者が知る限り，ASD 当事者の性行動に関して定型発達者との顕著な相違についての科学的調査，例えば統計的に有意差が見られるなどについては報告されていない。これはつまり，恋愛感情，性的関心，自慰を含む性行為などに特異性は現時点では認められてはおらず，概ね一般的レベルと言って良いだろう。そもそも，何が一般的とするかの評価基準自体も，性行動に関しては確立していない。

　おそらく，発達障害当事者の家族や支援者は，当事者の性行動に関するエピソードを少なからず持っているだろう。また，当事者の性行動に関する問題に，司法や警察関係者が関わることもある。しかしながら，性行動の特異性や問題発生において，発達障害当事者が定型発達と比べて顕著に高いレベルや発生率を示しているエビデンスはなく，「発達障害＝性の問題・異常」とはならない。しかしながら，発達障害，特に ASD 当事者の性に関するケースには，ASD 特性が関係していることによって特異的な印象を与えることは十分に考えられる。

　まず，我々のほとんどは複数の人間が居住する環境に住んでいるため，全ての性行動は社会的行動に含まれることを前提とする。定型発達に比べて身体的・生理的発達に顕著な違いが見られないのに関わらず，ASD 当事者の性行動が定型発達と大きく異なるのはその中核特性である，社会的コミュニケーションの特異性に大きく影響を受けていることである。例えば，多くの ASD 当事者は定型発達と同じ環境，普通学校の通常学級や特別支援学級で過ごす。その成長期に定型発達と同様な頻度および質の社会的知識獲得，また社会的経験は得にくく，それは性行動の発達にも影響するであろうことは明白である。さらに，適応行動レベルの低さによって

も，ASD 当事者の性行動の発達，知識獲得，成功・失敗体験が少ないであろうことが推測される。

　また，性行動が社会的であるとは言え，当然スキンシップなどをはじめとする身体的交渉は多くの場合伴うため，当事者の「感じ方」，つまり感覚処理の影響も大きいと思われる。ASD に関して言えば，感覚処理の特異性はその特性の一部として現在は認識されている。ASD 当事者全体に感覚特異性のパターンが見られるわけではなく，感覚関連の困難性は非常に幅広いものではあるが，過敏性による対人関係の回避，特定の感覚刺激の不足による適応困難，生活パターンの固執性などは，性行動を含む日常生活に影響する。つまりこの感覚特異性は，ASD 当事者の適応行動レベルの低さを説明する重要な要因であると推察できるのと同時に，彼らの性行動を制限し，また特異なものとしている可能性も高いことが示唆される。

　これまで述べたことだけでも，発達障害の性行動の把握がストレートな手段では難しいことがおわかりいただけると思う。既存の行動チェックリストのように，ある程度の項目数で簡便な標準化尺度ができれば良いのであるが，そもそもの「標準」が性に関しては確定しにくい。また，特に日本では ASD 当事者，およびその家族，支援者などの他者による当事者自身の性行動に対する気づきが低いと思われる。これは発達障害と言うよりは現在の日本文化の傾向であり，日頃認識してしていないものについて簡単にチェックすることは難しい。これはまた，アセスメント時の主訴として含まれにくいことにもつながる。もちろん，性行動の問題が主訴となっているケースもあるが，日常的にこのようなケースのアセスメントや支援の依頼を受けている機関は少ないであろう。

　さらに，性犯罪につながるケースを見ると，その当事者の性行動問題は日常的に見られていない，または気づかれていない場合が少なくない。つまり，顕著な対人関係の悪化や性犯罪などの形で顕在化した段階で初めて，本人の性行動の特異性が指摘される。また，確固とした意図を持った

計画的な犯行というよりは衝動的な振る舞いが目立ち，自分の行為が相手にどのような影響を与え，また自身や家族に及ぼす結果が事前に推測されていないことが多い。つまり，予測可能な指標として性行動の「危険度」を数値化することは難しく，また，そのような指標による当事者や家族に与えるストレス，支援者の誤解や過剰な措置をコントロールすることは，現時点の研究や実践では不可能である。

　そこで筆者としては，発達障害当事者の性行動に関するアセスメントは，適応行動や感覚処理領域を中心とした包括的アセスメントの一環として実施し，その結果から性行動問題につながる可能性が示唆される場合にチェックリストを用いるアプローチを提案したい。これは，特定の性行動問題の有無を明確化するというよりは，生活適応全体の状態把握と分析をすることによって，より当事者の生活環境に適したふるまいへ導く示唆や代替的措置を考える支援を目指すものである。

　具体的には，フォーマル・アセスメントにおける既存の標準化尺度の部分的着目と，それらの結果に付随して行うインフォーマル・アセスメントの双方による，包括的アセスメント手段が考えられる。フォーマル・アセスメントでは，本書で紹介してきたような，Vineland-II 適応行動尺度や，感覚プロファイル・シリーズを利用することが可能である。複数の検査結果を総合的に考察することによって，より的確な当事者の特性把握，問題特定が可能となり，当事者の生活環境に即した支援策定につながる。もちろん，それぞれの検査は直接的に性行動問題を指摘することに特化してはいないが，性行動問題に関係する適応行動および感覚処理の両領域では，以下のような点について性行動問題の存在を探ることは可能と考える。

1) 適応行動の検査（主に Vineland-II 適応行動尺度）におけるチェックポイント

コミュニケーション領域

- 受容言語：他者の発言を字義通りに捉える
- 表出言語：自身の経験を詳細に話す

日常生活スキル領域

- 身辺自立：入浴スキル，衛生管理
- 地域生活：金銭管理，日常生活において自身を擁護する権利の理解とその適切な行使

社会性領域

- 対人関係：他者感情の認識・気遣い，他者との協調，自身の感情理解，自身の振る舞いが他者へ与える影響の推測
- 遊びと余暇：他者を交えた余暇活動の頻度，自身にとって適切な集団環境の認識
- コーピングスキル：謝罪が必要である場合の認識と適切な謝罪，ストレス・マネージメント，状況や環境における危険察知と回避，からかいに対する許容，個人情報等秘密の保持
- 不適応行動：高レベルの内在化・外在化問題，不適切な性的行動，固執性，自傷行為，過度の恐怖感

2) 感覚処理特性の検査（主に感覚プロファイル・シリーズ）における
　　チェックポイント

- 触覚，聴覚，嗅覚などの感覚過敏による社会的接触の困難や環境の回避
- 触覚，口腔感覚などの感覚探求行動の著しい頻度と強度，固執性
- 特異的（一般的に不適切と想定される）な感覚探求行動の存在

　適応行動や感覚領域の検査実施中，または結果分析時に以上に挙げたチェックポイントにおいて顕著な傾向が見られた場合，またアセスメント依頼時の主訴に性行動問題が含まれている場合，以下のようなチェックリストに関しての半構造化面接の実施，または他の面接と合わせてかたちでの実施が考えられる。もちろん，インテークや Vineland-II 実施中に，以下のリストに関連するようなデータが得られることもあるだろう。

3) 面接時の性行動関連に関するチェックリスト

人との関わり（ソーシャル・インタラクション）

- 他者との距離が近すぎる
- 他者によく触れる
- 性に関する言語を日常会話で頻繁に使う
- 相手の発言を字義通りに受け取る
- 相手の意見に従う（流されやすい）
- メディアのふるまいや格好をそのまま真似る（特に肌を露出する服装など）

自身の認識

- 自身について過剰な自信または劣等感（他者の意見に反して）
- メディアの情報をそのまま真実と受け止める

衛生管理

- 入浴，洗顔，歯磨きが不規則
- 入浴，洗顔，歯磨き，着替えを極端に嫌う，拒否する
- 自身の臭い，服の汚れに無頓着

生活

- 一人暮らし，または家族や支援者の支援や管理が十分ではない
- 家族や同居者，支援者の過干渉
- 家族や同居者，支援者の生活基準に従う（自身の方針がない）
- 風呂場など以外で裸体を他者に晒すことを厭わない
- 自室や風呂場以外で全裸になる

恋愛

- 恋愛観・性知識は主に情報メディア（主にインターネット）やフィクションがベース
- 同年代の他者との恋愛や性に関する会話が少ない，回避する，疎外される
- メディアの恋愛・性描写を過剰に嫌う
- アニメなどファンタジーの世界のみに対してしか恋愛感情を示さない
- 他者との恋愛経験はないが，恋愛経験への強い憧れ

性的嗜好

- 性に関わる興味やふるまいが日常生活に影響するほどの極端な頻度・強度
- 他者が気づく，または他者から見える場所での自慰行為
- フェチシズムの有無，強度
- 膨大な性的な画像や書籍の蒐集が日常生活のメイン
- アダルトビデオなど，メディアのみを模倣した性的干渉，性行為
- 周りの人やフィクションのように恋愛や性交渉ができないことへの過剰な嫉妬や劣等感の表出

　一般の生活環境にいる限り，性行動は社会的活動の一部であることから，それに関係する問題にはさまざまな適応行動課題の影響を受けているだろうし，また影響しているかもしれない。また性行動に関する話題を控える，または間接的に触れざるを得ない社会的傾向も加わることによって，性行動の問題は他のアセスメント課題に比較しても最も発見しにくいものと言って良い。このことはつまり，性行動のみに焦点を当てたアセスメントよりも，包括的アセスメントの一環として，当事者の日常生活全般に関するデータ収集の方が，より当事者やその家族，また支援関係者にも受け入れられやすいだろうと推測する。また，その支援も，ソーシャルスキル支援や Positive Behavior Support などのテクニックを利用し，生活適応支援の一環として当事者個人の性行動特性に合わせた支援を計画・実施することが，現状に合った実践的アプローチと筆者は考える。

第 4 章

支援につながる アセスメント・データの分析

アセスメント・データをどうまとめるか

　包括的アセスメントでは，フォーマル・アセスメントでの標準化検査結果や，インフォーマル・アセスメントでのさまざまな数値・記述データや記録など，多種多様なデータを扱う。標準化検査の結果は通常，それぞれの検査ごとに所見が作成されるだろう。観察による数値データは，表計算ソフトなどに入力されていることもあるだろうし，記述データは，ノートに手書きで記されているかもしれないし，PC やタブレットで入力されていることもあるだろう。データがどのような形で存在しているかは，ここでは細かく触れないことにする。確かに最新のテクノロジーを利用したやり方は便利であるし，いくつかのアプローチも後述するが，実施者側の負担を最小限にするためにも，それぞれの機関で，またアセスメント実施者が扱いやすい形でデータが記録されていることをより優先したい。

　フォーマル，インフォーマルというアプローチの違いに関わらず，データをまとめる時は全てのデータを横断的に扱う。つまり，得られたデータを分野や領域ごとにまとめ，分析していく。例えば対象が幼稚園年長児のケースで，Vineland-II では粗大運動が平均より 2 標準偏差以下のスコアとなり，感覚プロファイルにおいてバランスや運動に関するセクションで平均よりも顕著な相違が見られたとする。また幼稚園での行動観察では，鬼ごっこなどの屋外での集団遊びやリトミックの時間などでは，対象児がほとんど集団に加わっていないことが記録された。また，Vineland-II の実施時などでの母親とのやりとりから，対象児が家ではほとんど動かない

こと，運動が苦手なようなので運動塾に通わせているが，本児は行くことを拒むことが最近頻繁にあることなどを聞き取った。これらのデータは全て「運動面」（もちろん，他の名称でも構わない）とも言うべきカテゴリーに集められ，分析をする。協調運動，特に粗大運動に関する困難性が存在するとの大枠的な判断に続き，本児の粗大運動の特徴を複数のデータから把握する。例えば，その場で飛び跳ねたり，おもちゃのカートを押して走るなどは進んで行うが，四肢を自在に動かして踊ったり，相手に合わせて自分の動きを調節したりすることが苦手であるなど。また，生活環境や運動塾の本児への影響を分析し，必要に応じて提案をいくつか示していく。本児は体を動かすことは好きであるが，自分の苦手な動きを強制されることに辛さを感じているかもしれない。運動塾と相談して本児が楽しめる運動を考えたり，日常生活では本児がやりたがる外遊びに誘うなど，本児があまり難しさを感じることなく楽しみながら運動する機会を与えることで，家で動きの少ない遊びを優先する日常を改善していくことを提案していく。包括的アセスメントではこのように，一つの領域に関してさまざまな側面から見ていくプロセスが中心となる。そもそも，複数種類のデータによってより確実な判断につなげていくことはアセスメントとでは基本とされていることで，特別なテクニックではない。

　このようなプロセスでは，観察による記述データをまとめる作業が厄介に思われるかもしれない。記述データが手書きの場合は，一度ワードプロセッサーなどで電子ファイルの形にすると作業が比較的楽になる。電子ファイルではコピー＆ペーストが簡単に行えるので，複数の記述データの電子ファイルがあっても，例えば「読み」「指示の理解や実行」「視覚的刺激への反応」などのカテゴリーに当てはまる部分を，記述データからペーストしていくことができる。さらにカテゴリー化する前（つまりデータ記述時），またはカテゴリー化する際に1～2文程度の箇条書きにすることでより作業は楽になるし，カテゴリー別に解釈する際にもわかりやすい。

　数値データはなるべく表計算ソフトなどを用いて，表やグラフにまとめ

ると良いだろう。表にまとめられた数値データは，平均や割合などを算出して総合的に実態を把握する際に便利である。例えば，離席傾向の強い対象児の授業中の様子を観察したとする。授業1コマ内で複数回離席が見られた際，それぞれの離席時間を表にまとめる。こうすると，離席の頻度のみならず，平均離席時間，1コマにおける離席時間の割合などを算出することによって，多角的に離席について分析が可能となる。もちろん，このような観察は一定期間複数回行うことが望ましい。

　データをグラフ化することによって，対象者の行動や学習等の推移を視覚的に理解することができる。1学期開始からアセスメント時に至るまでの，毎週行われる漢字小テストの点数をグラフにまとめれば，対象児の得点の推移は視覚的に把握可能である。このようにデータをまとめることによって，アセスメント後に支援が開始されてからも同様の形でデータ収集を継続することができる。つまり，支援のモニタリングにつながっていく。

　一方，フォーマル・アセスメントの標準化検査では，各領域ごとに標準スコアやパーセンタイル値などの数値が表にまとめられていく形が一般的と思われる。検査によっては専用のソフトウェアに粗点を入力するだけで，スコア換算はもとよりグラフや表に結果を自動的にまとめることが可能である。医療機関など特定の標準化検査を日常的に実施している場合には，専用のスコアリング・ソフトウェアがなくても，ワードプロセッサーや表計算ソフトを用いて検査結果をまとめるフォーマットを作っておくと作業は飛躍的に楽になるだろう。標準化検査結果をまとめる際に留意しておきたいポイントは，標準スコア等の数値データが何を意味するのか，簡単な記述を添えておくことである。これは筆者がアセスメントのトレーニングを受けた時に厳しく指導されたことの一つであり，「数値を言葉に翻訳すること」によって初めて特定の標準化検査の結果が他者に伝わる形になる。

　さて，おそらくほとんどの個別の教育支援計画では，何らかの形で対象

者の得意なことやできていることと，困難なことや問題と思われることの2つに分けて実態がまとめられているのではないだろうか。いわゆる「Strenghts and Concerns」の分け方であり，国際的にもこのスタイルは共通していると思われる。このように分類するプロセスで押さえておくべきポイントの一つは，対象者の得意なものやできるものを先にリスト化することである。アセスメントが必要なケースは大抵何らかの問題があるからであり，困難性や課題についてはデータの解釈や判断の道筋がある程度できてしまっていることが多い。一方，対象者にとって良い点を見つけることは，多くの場合アセスメントを実施する際のニーズには含まれていないことが多い。しかし，アセスメントの目的は支援であり，対象者にとっての強みを支援することは困難性に対しての支援よりもはるかにやりやすく，また対象者の成功体験を増やすことにも直結する。発達障害当事者は定型発達に比べて，実生活で活かせる強みが少ない。成人期において，日常生活全般の適応困難を抱えている発達障害当事者自身はもちろん，家族や支援者も当人の強みが発見できていない，強みに対しての支援を受けていないことは多い。学齢期を終えるまでにより多くの強みを発見し伸ばしていくことは，将来の自立に何らかの形で役立つ。そのために，まずは対象者が得意とするもの，また将来に向かって伸ばしていきたいものなどを優先的にリスト化することを強く勧めたい。

データをまとめる際のポイント

　発達障害のアセスメント手法はさまざまであり，「必ずこうしなければならない」などのルールが国で決められていたり，国際的コンセンサスがあるわけではない。よって，アセスメント実施者それぞれが受けた教育やトレーニング，所属している学会や心理士会等の方針，勤務機関の状態など，さまざまな要因によってアセスメントの方法は千差万別となる。アセスメント結果のまとめ方のベスト・プラクティスは未だ存在しないが，こ

れまで筆者が学んできたこと，また専門家養成で受講者にアドバイスして
きたことをいくつか紹介していきたい。

　まず第一に述べておきたいポイントは，アセスメント報告書の記述は簡
潔にすることである。詳細かつ長大な標準化検査の所見に遭遇することが
あるが，そもそも標準化検査はそのような詳細な解釈や分析が必要なツー
ルではない。対象者についてより客観的で普遍的な評価が可能となるよう
に，標準化尺度を用いたアセスメント・ツールが開発されているのであ
る。そのために，スコアリングする項目数は検査時間が極端に長くならな
いように開発時に制限されている。支援につなげるために必要なデータお
よび解釈は何かを考えれば，無駄な情報となる記述は最小限に抑えられる
はずである。

　記述はなるべく箇条書きのスタイルが良い。1〜2文でまとめるように
するメリットは，短時間で必要な情報のみを他者と共有可能にすることで
ある。複数の段落でまとめられる場合，よほどの文章作成の巧者でない限
り迅速で確実な情報伝達は不可能である。教育・福祉機関では現在，チー
ム会議と呼ばれるような機関内または複数機関の職員が集まって支援につ
いて協議することが増えてきている。会議時間も限られているし，また複
数のケースを一度の会議で扱うことも少なくない。そのような場で求めら
れる情報は，簡潔で整理されたものであろうことは明白である。

　また，データから解釈を膨らませすぎないことに注意が必要である。こ
のためには，それぞれの解釈がエビデンス，つまりアセスメントで得られ
たさまざまなデータとつながっていることを確認する。例えばある子ども
のアセスメントにおいて，学習全般の成績の落ち込みが書字困難によるも
のである結論に達したとする。根拠となるデータは，以下のようなものか
もしれない。

- 認知検査（WISC-IV）は平均域であるが，名前などの手書きのサ
  ンプルは判読困難であった

- Vineland-II の読み書き下位領域結果は平均域より顕著に低く，その原因は書くことに関する項目による
- 学校における全ての書字が要求される活動（宿題，テスト，作文，掲示物作成など）を拒否する傾向があり，やったとしてもその内容は拙い
- 授業を含む学校活動では，教師の指示に従い，また授業中の挙手や発表などは進んで行う
- 検査時においてアセスメント実施者の口頭での指示を理解し，読解にも問題は見られない

　記述スタイルについてもう1点述べておきたいポイントは，対象者の支援に関係する者，保護者も含めた全員が理解できるような書き方に留意することである。教育，福祉，医療に関わらず，ある機関に所属している者は特段意識することなしに，自身の専門領域の用語やその組織だけで通用する言い回しを使っている。つまり，それが職場における日常言語であるため，自分が言っていることが他職種や他機関の者にどれほど伝わっているのかに気づきにくい。多くの保護者にとっては，発達障害支援に携わる専門家たちの言語は非常に難解な日本語と受け止められる。アセスメントに関する全ての記述において，専門用語を全く使うなというわけではない。使った場合には，カッコ書きで注釈を加えても良いし，必要に応じて口頭で適宜簡単な説明ができれば良い。専門外の人々にわかるように説明するスキルは専門家にとって必須であり，義務であると筆者自身は思っている。

　さて，これまでいろいろと口うるさくアセスメントのデータをまとめる際の注意点について，意見を述べさせていただいた。これら全てをアセスメント実施者一人で責任を持って実践していくためには，大変な注意と労力が要求される。検査実施や観察などのアセスメント・データ収集もそうであるが，データをまとめる際には複数人で行い，それぞれが担当した箇

所を一同集まった場所で全員でチェックして仕上げるのが望ましい。機関によってはそんな時間はないと言われるかもしれないが，一人でやるよりもよほど効率的で迅速であり，報告書の正確性や客観性もレベルアップする。

支援目標の設定

　個別の教育支援計画（成人支援の場合は支援計画）を利用している機関ならば，長期および短期支援目標を記入する箇所はおそらく全てのフォームにあるだろうから，それに従って支援目標を立てていると思う。その目標設定には，支援対象個人の現状についての情報が必要であり，包括的アセスメントはその情報提供をする役割を担っているとも言える。例えば，高い専門性を必要とする検査や一定期間の詳細な観察データから，さまざまな領域にわたる対象者のプロファイルが明らかになったとする。しかし，それらが対象者やその家族の日常生活や将来にとって有益な支援につながらなければ，アセスメントを実施した意味はない。現在の特別支援教育をはじめとして，ライフステージを通した発達障害当事者への支援において課題の一つと言えるのは，このアセスメント結果から支援につながる部分である。

　支援内容を整理する方法にベストと言えるものはないと思われるし，結果的に効果的支援につながればその経緯はどのようなものであっても良いのではないだろうか。比較的簡便と思われる方法は，まず，アセスメントから得た対象者に関する情報，つまり「長所」「できていること」「得意なこと」などの個人内の強みと，「課題点」「できない（やっていない）こと」「苦手なこと」などの個人内の弱みを箇条書きにまとめることである。続いて，それらを優先順に並べていく。この作業のために，箇条書きはワードプロセッサーなどに入力してコピー＆ペーストできるようにしたり，付箋などに記入してボードなどに貼っていくと良いだろう。

優先の基準はケースバイケースであり，生活状態や支援環境，対象者の年齢などで異なる。多くの場合アセスメントが必要とされるのは特定の環境において問題が生じているからであろうから，問題解決に直結する支援が優先されるのは当然かもしれない。例えば，学校などでの他害行動は，集団活動を基本としている環境では早期の解決が求められるであろうし，成人期における他者への性的接触行為は被害者のみならず，触法行為として罰せられる可能性もある。さらに，家族との関係や家庭環境が対象者の日常的パニックの引き金になっていたり，一人暮らしにおける極端な偏食による内臓疾患や浪費による困窮なども早急な支援が必要な状態と言える。これらの「問題行動」は，介入しないと対象者や関係者の安全や日常生活が侵される場合であり，根拠の薄い，個人の判断によるものではない。

　かなり以前の筆者のアメリカでの経験であるが，小学校の知的障害のあるASDのクラスにコンサルテーションに行った際，担任からある男児の手をひらひらさせる行為，いわゆるハンドフラッピングをやめさせる支援をしてほしいと頼まれたことがある。当時はまだ，ASDの特性が特別支援をしている教員にも正しく伝わっていなかった頃である。現在ならば，ごく当たり前にハンドフラッピングはその男児の安定にとって必要である可能性が高いことは，発達障害に関わっている者にとっては常識的なことである。その担任が問題としていた根拠は，男児がハンドフラッピングばかりして課題に取り組まないことではなく，担任自身がその動きにイライラしていたことであった。さらに，ハンドフラッピングが最も出現する時は，男児が何もすることがない，また何をしたら良いかわからない，いわゆるダウンタイムであることも筆者は観察した。つまりこのケースでは，ハンドフラッピングを問題行動のリストに含むべきではないことは明らかであるし，この男児が興味を持って取り組める課題の提示やダウンタイムの減少が，男児の学習参加にとって有効な支援の方向性と言える。

　発達障害者支援法でも強調されているように，個人のライフステージを

通した支援の必要性が高まってきている。これは，現在多くの発達障害当事者の年齢層が成人域まで達していることが大きく影響していると思われる。就労や生活が中心となる成人当事者支援においては「卒業」や「支援終了」はなかなか決めにくく，それらに至る過程が明確に定められているわけでもない。最近の成人当事者支援の研究では，当事者の QOL（Quality of Life; 生活の質）が支援の有効性を見極める指標の一つとなっている（辻井ら，2014）。これをキーワードとして使うならば，発達障害当事者の支援はライフステージを通して当時者の QOL を維持・向上につながるものと言い換えることも可能である。

　QOL を中心とした支援とはどのようなものであるかは，はっきりと定められているわけではないが，当事者なりの社会参加が可能な生活につながるような支援ではないかと，筆者自身は考えている。それは当事者を，社会参加のために定型発達に合わせて矯正していく支援ではなく，当事者に無理のない形で社会参加が可能な方法を模索し，その生活形態が当事者にとって満足のいくものではないだろうか。合理的配慮はそれを達成するための重要なコンセプトであろうが，発達障害者自身が望まない，またはわからない形で合理的配慮をしてもそれは支援とは言えないと思われる。

　当事者の将来に向けて，なるべく早いライフステージにおいて「自分なりの社会参加」の形づくりができることが理想的であるが，その支援には対象者の強みとして箇条書きしたリストを活用する。例えば，小学校期で歯磨きや入浴はもちろん，着替えなどの身だしなみのスキルが確立している場合には，中高進学などの環境変化でも継続していけるような支援計画を組む。衛生関連の生活スキルは将来の自立生活に不可欠であり，就労に好影響なことは明白である。

　当事者によってはギフテッドと呼ばれるような平均を遥かに超えた才能を持っているケースもあり，もちろんそのような場合にはその才能を育んでいけるような環境調整も支援には必要である。しかし，メディアで取り上げられるようなエピソードと異なり，ほとんどの発達障害当事者は至っ

て「普通」である。しかしながら，これはギフテッドの範疇にいる当事者
も含まれるが，定型発達が基準となっている現代社会では苦手なものがあ
まりにも多く，生活しづらい。別の見方をすれば，多くの発達障害当事者
にとって，社会参加するための有効な切り札の数は限られている。限られ
てはいるのだが日常生活で十分使っていけるよう，例えば多くの場面で同
じやり方が可能なユニバーサルなアプローチの獲得を目指す支援は，当事
者が自分なりの社会的自立をする将来に向けて，それぞれの QOL を維持
していけることに直結する。

　支援対象者の強みを伸ばしていく支援のもう一つの効果は，対象者の日
常生活におけるネガティヴな面を軽減することである。支援を必要として
いる多くの発達障害当事者の日常生活は，未達成や失敗体験が起こりやす
く，自己肯定感や生活意欲が低くなる可能性が高い。例えば多くの当事者
にとって，支援が必要と判断されるまでにどれほどの失敗体験が蓄積され
ているのか想像していただきたい。問題がかなり顕在化してからはじめ
て，支援の検討がなされることは少なくない。ライフステージを通して，
そのようなネガティヴ経験は少なければ少ないほど良いのは当然である
し，逆にポジティヴ体験は少しずつでも支援効果に加担していく。また支
援を通して，成功体験および他者からの称賛や自己達成感の認識につなが
るものを取り入れることによって，それらネガティヴ体験のインパクトは
軽減され，また苦手なことに取り組む意欲も保持される。

　アセスメント結果を対象者の強みおよび課題に分けてリスト化したもの
は，そのまま支援目標の骨子となる。どのような方法でこれらについて
やっていくのかが支援手段であり，対象者の現状に合わせて実現可能な方
法を考えていく。

状況に合わせた支援

　発達障害当事者への支援手段に関しては，特に特別支援教育を中心に，

現在十分すぎるほどの資料が入手可能である。支援効果が十分なエビデンス検証の蓄積によって認められている支援，「ベストプラクティス」とされている構造化や ABA などは，ASD のある子どもへの教育が模索され始めた 1960 年代頃から試行錯誤が繰り返され，現在では発達障害支援のスタンダードとなっている。また，社会性や感覚・運動関連の支援アプローチは，2000 年代になってから急速にその数が増加し，並行して研究による効果検討もされてきている。さらに，支援のパッケージ化ともいうべき，クラスや学校単位で発達障害の有無に関わらず子どもたちの多様な実態に柔軟に対応できるような支援手段も存在する。それらの支援について詳細に述べることは本書が意図するところではないが，実践的な支援のあり方を多少なりとも考察していきたい。

発達障害関連の支援を日常行なっている教育・福祉機関において，自分たちの支援に十分な手応えを感じているところがどれほどあるだろうか。これほど多種多様な支援手段が考えられ，支援に関連する資料も簡単に入手できる現状にあって，さらなる現場からコンサルテーション等のニーズが非常に高いことは，筆者自身が日常感じているところである。それは情報過多であるからかえって効果的な支援手段の絞り込みが難しいのかもしれないし，また，発達障害の支援に関する実践的な支援者養成が不足していることも影響しているかもしれない。

支援手段の選択は，多すぎても少なすぎてもいけない。たった一つの支援手段を講じたところで，対象者の抱える問題全てが解決することはまずあり得ない。一方，ある問題に関して効果的と思われる支援手段全てを一度に実行しても，絶対的効果は期待できない。さすがにこのような両極端の状態にある支援環境はないだろうが，これらの方向性に向かいやすい原因として，アセスメントの結果にもとづく支援手段の選択がなされていないことが考えられる。

支援者にとって，支援を決定するまでのステップが少なければ少ないほど，具体的であればあるほど楽であり，できる限りそうであってほしいと

思うのは当然である。そのため，「ASD のための〜」「ADHD の子どもの いる〜」など診断名がそのタイトルにある資料に頼ることは，支援実施に 向かう道のりが最短距離になるだろうと期待されるかもしれない。しかし 発達障害の特性の個人差は大きく，また診断名は支援対象者の特性を具体 的に説明しているものではない。また，「〜な問題行動を解決〜！」「〜ユ ニバーサルな環境の実現〜」的なニュアンスを含んだ資料も注意が必要で ある。それらの資料に書いてある支援環境は，読者である支援者のそれと はたして同様であろうか。もし，それら「効果的かもしれない支援」の成 功にはそこに書いてある通りの環境調整が不可欠であり，自分たちのケー スではそのような調整が困難な場合，マニュアル通りの実践のみでは期待 される効果は得られないことになる。

　支援を模索する支援者は，幅広く用意されている支援に関する情報を精 査して選択するいわば消費者である。そこには日常一般の買い物と同様， 買い手なりの知識・情報やテクニックが必要となる。筆者は，発達障害関 連の出版物のネーミングやマーケティングに関して問題提起しているわけ ではない。むしろ，それを利用する側がどのように自分たちに適した情報 を手に入れるかが問題であると考えている。

　支援手段に関する膨大な資料を選択していく時にまず留意すべき点は， 自分たちの現状と資料が作成された時の状態が完全に一致していることは あり得ないという事実である。つまり，ある資料が非常に効果的なソー シャルスキルの学習パッケージを紹介していても，それと同様に実施した ところで全く同じ効果が得られるとは限らない。環境やスタッフ，もちろ ん対象者の特性など，支援の実施条件が一致していないことを考慮しなく てはならない。

　そこで支援手段を選択する際には，ある資料で紹介されている支援がア レンジ可能かをチェックすると良い。やり方が一つ一つ具体的・段階的に 提示してある支援手段は，確かに実施しやすい。しかし，そのステップ全 てが自分の支援環境で実行可能かを事前にシミュレーションしてみること

は，やっておいた方が良いだろう。教育や福祉で行う支援は基本薬物や体罰などを用いてはいないので，多少のアレンジによって「副作用」が生じることはまずない。よって多くの支援手段は，自分たちの支援環境でやりやすい形に，また対象者の現状に合わせて調整可能であり，支援者はむしろそれを率先して行うべきでである。さらに言えば，支援者に向いていない支援は選択するべきではない。支援対象者にとって支援に対する向き不向きはあるが，それは支援者にとっても同様である。支援者は自分自身の「キャラ」をよく見て，自分に合った，自分が好きな，また自分が自信を持ってできる支援を選択すると良い。

　当然のことであるが，実際に支援を開始した際に最も注目するべき点は，期待した効果が得られているか，さらに厳密に言えば測定可能な形で現れているかである。支援のモニタリングにもアセスメントが必要なことは既述しているが，効果が見られるまで現実的にどのくらいの期間待っていれば良いのだろうか。支援対象にもよるが，大体1〜2週間，長くても1ヶ月以内に何らかの効果が見られなければ適宜対策を講じる必要があると思われる。このような「効果待ち時間の相場」が決まっているわけではないが，支援には目標というゴールが定められており，支援機関では，学期，学年，四半期など，あらかじめ定められた期間内での運営が通常である。そうすると個々の支援では，できる限りそれらの期間に合うような形で一定の効果が得られることが理想であろう。効果の有無に関しては，支援自体の構成ややり方はもちろん大きな要因となるが，支援目標の設定も関係している。つまり，対象者の実態に合っていない目標設定の場合，対象者と支援者がいくら努力しても，ハードルを超えることはできないかもしれないし，そもそも支援の方向性がずれているのかもしれない。

　期待した効果が見られない場合はまず，支援を実施している条件で変えられるところを一つずつ調整してみる。例えば，グループ単位の支援環境をマンツーマンにする，プロンプト（声かけなど）のタイミングや数を変更する，教示の時間を増やすなどである。どこをどう変えていくかは，モ

ニタリングの結果を分析することで見当をつける。本書の始めの部分で述べているが、支援実施中のモニタリングもアセスメントの一環であり、対象行動に関するデータの推移や対象者の反応、支援環境の変化などを適宜チェックすることは、せっかく始めた支援が無駄に終わらないためにも必要なプロセスである。支援に効果が見られないからといってすぐに他の支援に乗り換える、いわゆる「つまみ食い」の形は薦められない。適切なモニタリングを欠いた支援の連続は、結局運に頼るしかその効果は望めないからである。

　教育や福祉機関で実施される支援は、発達障害特性の矯正、または治療ではない。支援の主旨は、発達障害当事者が自身の生活環境で生きやすくするための知識やスキルの獲得、将来の自分なりの社会的自立に向けた準備が中心であるべきで、「治そう」一辺倒のアプローチは効果が期待できないばかりか、支援対象者に不必要な負荷をかけることにもつながりかねない。

3 段階の支援手段

　アセスメントの結果をもとに抽出した支援目標それぞれにどのような支援形態が望ましいかを決定することは、支援対象者のみならず支援者および所属する教育・福祉機関の運営に大きく影響する。支援形態は以下のような、大きく3つのカテゴリーに分類可能かと思われる。

- 学習や訓練によって獲得可能なもの
- ツールや代替措置によって適応が可能なもの
- 継続的な環境および人的支援が必要なもの

　これら3つのカテゴリーに優先順位や質の差があるわけではなく、単純に形態の違いで分類している。しかし、発達障害支援の現状を考えると、

「学習や訓練によって獲得可能なもの」および「ツールや代替措置によって適応が可能なもの」の支援形態が中心となるように支援計画を組んでいくことが理想的ではないだろうか。以下に，それぞれのカテゴリーを詳しく見ていきたい。

1）学習や訓練によって獲得可能な支援形態

　この支援形態の代表的なものとして，学校で一般的に行われている授業が挙げられる。この支援形態が適している対象は，「教えたらわかるもの，できるもの」が中心となる。園や学校では先生が直接指導する，デイサービスや就労移行支援施設では支援員が個別に教えるといった，支援においてはオーソドックスな形と言えるだろう。他の支援形態よりも具体的な支援手順が比較的決めやすい感じはあるが，このカテゴリーの支援とするためにはいくつかのポイントをチェックする必要がある。

　まず，この支援形態は「教える」ことが中心となるので，支援対象者にその教えを受ける準備が整っていることが前提となる。この準備ができている状態を，レディネスともいう。勉強で言うならばレディネスは新しいことを学ぶための基礎知識が獲得できている状態であり，例えば算数において，算数セットを使って課題に取り組むためには「見立て」ができていることが前提となる。つまり，算数セットのブロックを，課題や問題に書かれているみかんやりんごとして見立てることができなければ，ブロックを使った具体的操作はできない。また成人期の就労支援において週数回の職場実習に参加するためには，ある程度一定した生活リズムが整っていることが前提条件と言える。

　教育関連の専門領域でレディネスはごく当たり前にチェックすべきポイントではあるが，特別支援教育においてもレディネスの確認がないままに支援が行われているケースは少なくない。レディネスが十分でない状態で支援を実施した場合，効果が見られないことはもちろん，いつまで経っても成功しないために対象者や支援者のモチベーションも低下する。また，

支援が本来望んでいたものとは全く異なる形になってしまうこともある。例えば，特別支援教育では通常学級においてティームティーチング（Team Teaching: TT）が支援形態の一つとして組まれることがある。本来 TT とは，通常学級において支援対象となる児童生徒が TT 担当の教師（または学習支援員）から「補助的指導」を受けることにより，授業を主担当している教師および他の児童生徒の学習に参加可能となることが主な目的のはずである。しかし，TT の補助指導が対象児童に理解できない場合や，そもそも対象児童がその単元学習に必要な知識やスキルが獲得できていない場合には，いわば通常学級内で一人だけ違う学習を TT 担当教員と行っていることになり，TT の主旨とは異なる学習支援形態となってしまう。それでも，授業内容と違ってはいても一定の学習効果が見られれば良いが，そうならない場合，対象児童と TT 担当が過ごしている時間は残念ながら，学習上の効果を見る視点から言えば無益である。

　レディネスの見極めは，アセスメントの結果を分析することによって行う。より細かく言えば，支援目標の学習やスキルに前提となる知識やスキルをリスト化し，それらがクリアできているか否かをアセスメントの結果によって確認する。または，支援目標がある一連のステップで連続している場合，その一部ができているかについてアセスメント結果を参照する。例えば，幼児が靴下を履く作業の場合，つま先を靴下の口に入れることまではできている場合などである。

　学習や訓練が主体となる支援では，その支援目標が達成されればその支援は終了するし，必要ならばさらにレベルアップした学習や訓練のプログラムを組むことが可能である。獲得したスキルによっては，それを維持するための措置も必要になるかもしれない。特に日常生活スキルに関連するもの，日常的に獲得したスキルを実行できる環境を維持することが必要である。例えば保護者など家族がいる生活環境において洗濯スキルが獲得できたとしたら，母親などに洗濯を任せることなしに，日々の洗濯は支援対象者が担当するといった変更である。

2) ツール使用や代替措置による支援形態

ある環境において当事者にとって障害となっている状況を，何かを使うことによって，または通常と異なるアプローチを選択することによって改善していく支援形態は，身体障害のケースではスタンダードとなっているが，発達障害のケースでも同様の支援形態は可能である。障害者差別解消法の施行もあって，合理的配慮は以前に比べて認知度が高まってきたと思われるが，この合理的な手段には，ツールを使用したり代替的措置を講ずることも含まれている。

例えば，ディスレクシア（読字障害）のあるケースでは，聞き取りに困難性が見られない場合は自分で読む代わりに書いてある内容を音声で理解することが可能である。これは「目で読む」を「耳で聞く」に代替することによって，目で読むことと同じ結果になる措置である。また，現在は電子化された文字媒体の多くは，コンピューターやタブレット端末上の読み上げ機能を使用して音声化することが可能である。この場合，支援対象者が使用するタブレットは「ツール」であり，学習や就労環境でそのツールを使用することによって定型発達と同様に参加や従事が可能となる。

感覚処理の特異性は発達障害，特に ASD に顕著に見られるとされている（APA, 2013）。一般的な社会参加や適応が困難なケースでは，感覚過敏など感覚処理異常による影響が大きい。過敏に対する支援の基本は，対象者にとって苦痛となる刺激を防ぐことである。聴覚過敏に対しては，耳栓やイヤーマフ，さらに高価ではあるがノイズキャンセリング・ヘッドフォンやイヤフォンもツールの選択肢に含まれる。視覚過敏では，突然の強い光を受けることがないように，サングラスやゴーグルの着用が考えられる。こういったツールの使用効果の見極めは，単純に対象者の生活が楽になれば良い。対象者本人は特段必要と感じていないし，ツール使用のメリットもない場合は，支援者側の判断で無理をしてでも使用を続けさせる必要はない。例えば，聴覚過敏の傾向があるからといって，対象者が必要ないと思っているのに常にイヤーマフの着用を勧めている場合である。感

覚処理特性に関しては，特に客観的な測定が困難であり，結局は本人がどう感じているのかが判断の基準となる。

　また感覚処理の領域では，特定の感覚刺激を受けることによって安定する，感覚探求とも呼ばれる傾向もある。例えば，ある児童はいつも手で何かをいじっており，教師が注意するとやめるが，その間非常に注意散漫になったりイライラしたりするケースにおいて，アセスメントによって触覚探求傾向が認められたとする。この分析が正しければ，対象児に授業中目立ちにくいいじくりグッズ（フィジェット・トーイ）を与えて，必要な触覚刺激が得られることによって安定につながり，授業参加が可能となるかもしれない。効果検討には，もちろんその後の経過観察は必要である。

　現在広く実施されている，視覚的スケジュールなど抽象的概念を視覚化・具体化する工夫，ソーシャル・ナラティブなど見えない社会的ルールを文字や音声，画像で具体化する教材使用なども，ツールを使用した支援形態と言える。この形態による支援効果は，「ツールや代替措置があれば」障害や問題が解消することを検討することによって判断される。つまり，ツールを使ったり代替措置を講じたりすることによって困難の解消が見られれば，基本的に支援はそこで終了する。

　この支援形態の大部分は，対象者に適したツールや代替手段を模索していくことであり，効果が見られた場合，おそらく将来的な継続使用が期待される。ツールが合っていることはつまり，使用者の特性に合っていることを意味し，発達障害特性の根本は生涯維持されていることを前提とすれば，特定のツール使用はライフステージを通して本人にとって必要なものとなるからである。

　場合によっては，年齢に合わせたバージョンアップとも言うべき修正は必要になるかもしれない。例えば，幼児期に視覚的スケジュールの使用によって生活適応が安定した場合，当時は好きなアニメキャラなどで作られていたスケジュールは，就学後は年齢や本人の意向に合わせて変化していくことは自然であるし，高校生ともなれば周りの同級生と同じようにス

マートフォンを使用するであろうから，視覚的スケジュールもアプリへと変わっていくかもしれない。しかし，ツールの形態は変化していっても本人にとって効果のあるツールの基本的機能はそのまま維持されている。ツール使用や代替措置による支援形態ではできる限り，このように将来的に継続していける支援計画を策定することが望ましい。

3) 継続的な環境および人的支援が必要な支援形態

これまで見てきた2つの支援形態では，基本的にそれぞれが定めた支援目標が達成されれば，支援は一旦そこで終了する，または一区切りとなる。もちろん，多くの場合はさらにレベルアップした支援目標を立てて新たな支援が開始されると思われるが，何はともあれ支援に区切りがあることは，支援対象者と支援者双方にとって達成したことを認識する機会ともなり，また次の目標に向かうモチベーションの維持にも貢献すると思う。

アセスメントの結果によっては，学習やツール開発の要素に加えて，継続的な環境調整や人的サポートが必要となるケースも当然のことながら存在する。乳幼児期や学齢期の始め頃では，支援対象児のニーズに合わせて保育や学習環境を調整する際にも，保育士や教員等の継続的介入が日常的に求められることは多いだろう。例えば，ストレスを軽減するためにクールダウンする場所を設けた場合，そこを利用するタイミングを対象児自身が気付くことは難しいと思われるので，支援者が対象児の様子を見て適宜その場所に行くように促すこともあるだろう。さらに日中の活動も，対象児の過敏性や固執性に合わせて，集団と個別の設定を柔軟に調整していくことも必要である。その場合には，時間やタイミングの調整は必要だが，特別支援員などが人的サポートとして対象児に付き添っていく支援計画を組んでいく必要がある。

成人期支援においてもやはり，継続的にマンパワーが必要なケースはある。例えば，ある対象者は一人暮らしが可能であり，掃除や洗濯，生活必需品の買い出しや自炊など基本的な日常生活スキルは獲得しており，それ

らに関しては日常的な支援の必要がないことが，Vineland-II 適応行動尺度の結果などから判断されたとする。しかし，その対象者は，計画的に月毎の家計を立てることに困難があり，第三者の介入なしには持ち金をすべて，生活には直接関係のない好きなことに使ってしまう，金銭管理上の問題が指摘されたとする。上記2つの支援形態としては，金銭管理に関するレクチャーやアプリの使用なども考えられるが，そのような措置では効果が期待できないことがアセスメントやこれまでの支援の試みから判断されることもある。対象者に強いこだわりがあるケース，一例としてアイドルに関することへの出費は食費などの生活に必要な費用すべてよりも優先される信条を頑に厳守している場合などは，対象者の生活状況を考えるとすぐに解決することが難しいことも考えられる。そこで，対象者やその家族の了解を得て1ヶ月の生活費を週ごとに対象者に渡していくような計画を立てれば，少なくとも月ごとにお金を使い切ってしまうことは避けられる。さらに必要ならば，日常生活必需品を週ごとに支援員が同伴して買いに行くサービスも加える。これならば，対象者なりの自立生活の現状維持は可能であり，また人的支援も必要な部分のみとなる。

経済性と効率性を両立させる支援の試み

　現在多種多様な統計データが錯綜しており，確実にその実態を捉えることは困難であるが，発達障害関連の特性を持つ人々の数は増加しており，また教育・福祉機関においてそのような特性に対する特別支援などのサービスのニーズも急増していることは事実である。このような増加傾向が支援環境に及ぼしている影響を受けて，支援はどうあるべきかを考えたい。

　まず，当然ではあるが，支援スタッフの不足はどこの教育・福祉機関でも切迫している課題であろう。絶対数が足りていないことに加え，発達障害関連の特性理解や支援スキルのある人材育成および現職教員や福祉スタッフの実践的研修は量よりも質の向上が必要である。

特別支援教育は，始まった当初と比較すれば飛躍的に充実してきている
し，そのサービスは園から大学まですべての教育課程に拡張された。しか
し，どの教育機関においても特別支援担当教員や支援員は不足している。
さらにインクルーシブな教育環境が推進されている現在，具体的な合理的
配慮の実践と個別の教育支援計画の活用など，それらの実態は公的な数字
だけの報告とはかなり異なっている。

　また，成人期当事者支援は現在最も喫緊に対処が必要な課題の一つであ
る。学齢期までは，教育と福祉双方のサービスを利用することが可能であ
るが，その後は福祉サービスのみとなってしまう。園や学校では1年ごと
に進級し，進学もあるため，教員など支援に関わる者にとってはある一定
期間ごとに支援対象者は卒業していく。一方，成人期当事者の福祉機関で
は，時期が定められた「卒業」はない。もちろん，就労して社会的自立が
可能となって福祉機関の利用を終えた当事者もいるが，そのようなケース
はそれほど頻繁には見られない。他の福祉機関に移行したり，または福祉
サービスを一切利用することのない引きこもり状態になることで，利用人
数に減少が見られることもあるだろう。しかし，成人のための福祉機関利
用者は，基本的に増える一方なのである。これらの事実に加え，特別支援
教育など専門的サービスと必要な専門スタッフは，教育機関の方が充実し
ていると言わざるを得ない。

　教育と福祉，すべての機関に共通して，このような状況を考慮した支援
実施についての合理的な対処が必要である。これまで述べてきた3つの支
援形態を支援対象者の実態やニーズに応じて組み合わせることによって，
すべての支援現場において効率性と経済性の双方のレベルをある程度保持
していく体制を作り上げていくことが，今重要なのではないだろうか。つ
まり，継続的な環境調整や人的サービスは「必要な箇所のみ」に抑えて，
学習や練習によるスキル獲得とツール利用をはじめとした代替措置の支援
が中心となるよう，支援計画を立てる。包括的アセスメントが適切に実施
されれば，支援対象をそれぞれの支援形態に仕分けていくことは可能であ

るし，具体的な手がかりも十分得られる。特に人的サービス，例えば支援者が1日中対象者に付き添う必要性は，これまで見てきた発達障害支援の現状を考えれば最小限に抑えたい。人的サービスの必要レベルが減少するようなスキル獲得や代替措置を積極的に進めていくことは，全体的に見れば効率的であり，同時に経済性も高まるだろう。

機関内・他機関との連携

現在の発達障害の支援は，支援対象者が関係している支援機関すべてが連携する形が理想とされている。いわゆる「チーム会議」と言われるような他職種が一堂に会する形で，アセスメント結果をシェアしながら支援計画を立てていくようなミーティングが一般的ではないだろうか。

ところでこのような支援に関わるミーティングの場に，対象者はもとよりその家族，おそらく多くのケースでは保護者が参加することは，まだ珍しいと思われる。成人支援では，支援計画はスタッフが立てて，その後支援対象者に個別に説明し同意を得る形は多くの支援機関で行っていると思われる。しかし，対象者の実態を本人やその家族と一緒に理解し，さらにどのような支援が実行可能かについてともに問題解決をしていくようなプロセスが日本で採用されているところは未だほとんどない。

筆者は10年以上，アメリカの学校で行われる個別教育支援計画（IEP: Individualized Education Plan）チームのミーティングに関わった経験があるが，支援対象の児童や生徒は，知的障害等の有無に関わらず保護者と一緒に参加するのが通常であった。もちろん，アメリカは州のみならず学区ごとにもそれぞれ独自の支援スタイルを持っているが，この対象者やその家族が支援計画策定プロセスに最大限関与し，また承諾する際には参加した支援者と同様に署名が求められることは合衆国全体で共通している。このようなスタイルが正しいのか，また日本の教育環境に適しているか，そもそも日本で可能なのかもわからないが，教育や福祉サービスの消費者

である支援対象者やその家族にとって，当事者参加型の支援形態は選択肢の一つとしてこれから検討すべきだと思われる。

　支援に関係する機関の連携が進められている現在，その連携の在り方を考えていく必要がある。日本の文化なのかもしれないが，自分から他者へ一方向の情報伝達の応酬が連携と捉えられている感がある。つまり，チーム会議のように複数機関のスタッフが集まっている場所で，それぞれの機関が行っていることやアセスメント結果を報告していくことはなされるのだが，それらの情報をお互いに検討し，総合的な考察にまとめあげて具体的支援につなげていくスタイルはなかなか見られない。このような場では，参加した支援機関の情報や立場を知ることはできる。しかし，支援対象者を中心にどのようにそれぞれが関与していけるのかについての協議がなければ，連携は十分に機能していかない。

　まず，情報共有の後に，支援対象者に関わっている全ての関連機関が同じ支援目標を持つことが必要である。おそらく各地域のほとんどの個別の支援計画の様式には，長期と短期目標を記入する箇所に加えて，対象者に関わっている支援機関を列記したり，マップ形式でまとめたりするページがあると思う。支援機関の連携を，白紙の状態から新しく何らかのやり方を考えていくのは一苦労なので，このような既存のフォーマットを会議の時に活用して，共通の支援目標を定めていくのはどうだろうか。もちろん，ともに考えた支援目標が関連機関全てに同等に影響していくわけではない。例えば少人数の共同作業への参加が目標になっている場合，学校，デイサービス，家庭などそれぞれの環境でのアプローチは当然異なる。それでも，その目標に関して各支援機関が得意とする，または可能な支援をしていくことができれば，結果的に対象者が関わる環境全てでさまざまな共同作業に関連する支援を受けることにつながる。これは，般化に課題が見られる発達障害特性にとっても効果的な支援形態と言える。

　連携の作業には，コミュニケーション・スキルは重要である。教員や福祉士など，支援機関のスタッフは支援のプロフェッショナルであるから，

コミュニケーションは上手だと思う。しかし，異職種が連携する際には，それぞれの持つ専門性が円滑なコミュニケーションの妨げとなることも少なくない。それぞれの支援機関では，それぞれ独特の常識があり，またそれぞれ特有の言葉でコミュニケーションがとられている。専門用語だけではなく，言い回しなど，一般的日本語ではあるのだが，ある「業界内」でのみ特別の意味が通用するコミュニケーション・スタイルは，どの機関でも程度の違いはあれ存在するはずである。これらは決して悪いことではないし，特定の環境で仕事を円滑に進めていくためには必要なコミュニケーションである。だが，他職種・他機関の人間にとっては意味が通りにくいだけではなく，誤解に至る場合もある。

　さらにまずいことには，ケース会議などで各支援機関のスタッフが情報共有を図っている際，お互いの独特な言い回しに対して説明を求めることはあまりしない。それぞれの専門性を尊重しているという見方もできるが，相手の言っていることの全てを理解していない情報提供の応酬が繰り返されるミーティングでは，結果的にそれぞれが「共有した情報」はかなり限られたものになることは明白である。このようなことを回避する具体策として，まず話し手は，自身の話に専門用語や固有の言い回しが含まれているかに注意し，それらを使っていることに気づいた場合は言い直すなどの配慮をする。聞き手は，相手の説明に不明な点があった場合，その場で質問をするように気を付ける。これは，筆者自身も普段注意していることである。筆者は単純に，なるべく全ての場面で対象者の家族が理解可能な言い回しをするようにしている。前述した，支援機関の連携に対象者や家族の参加を推進することは，参加者全員にとってわかりやすいミーティングになることにもつながるかもしれない。

　発達障害当事者やその家族に対して，関連機関が連携して支援を進めていくことについての異論は，現在ないと思われる。ところが，その連携がなかなか頻繁に，また十分にできない課題については，おそらく多くの支援機関が感じていることではないだろうか。それぞれの機関が抱えている

ケースの数は多く，スタッフ数も限られており，作成書類や必要手続き等の煩雑さは今や社会的問題となっている。このような状況でも，連携による支援体制はむしろ促進されるべきであり，そのためには短時間で効率的なミーティングを実施していくことが望ましい。一つ一つのケースに十分な時間をとって情報共有したり，支援に関する協議を重ねていくことは理想的かもしれないが，現状ではそのような形を維持していくことは不可能である。具体的には，一回のミーティングで複数ケースを協議するスタイル，例えば15〜20分で1ケースやれば1時間程度のミーティングでも効率的である。筆者の経験でも，比較的短時間に1ケースを扱うスタイルでは，必然的に焦点を絞った，具体的支援が組み立てやすくなる。何にもまして，ミーティングに参加するスタッフの疲労は軽減される。このようなミーティングであれば，これまでより回数を増やしたり，支援対象者それぞれについてより頻繁なモニタリングや支援の修正も可能となる。

発達障害支援に関わる機関それぞれの役割

さて，支援につながる包括的アセスメントについてさまざまな側面から見てきたが，さまざまな形態のアセスメントが同時期に実施される以上，当然さまざまな専門家や機関がアセスメントから支援に関わっている。アセスメントは，フォーマル・アセスメントおよびインフォーマル・アセスメントという大まかに2つのスタイルに分けられることはすでに述べた。診断や治療を主な役目としている医療機関では，フォーマル・アセスメント中心のアセスメントが日常的に実施されているだろう。特別支援学級では，教員によるインフォーマル・アセスメントが中心になっているかもしれない。筆者自身も所属している大学機関などでは，センターなどで外来を受け付けてフォーマル・アセスメントを実施しつつ，同時に家庭や学校，デイサービスなどのコンサルテーションを通してインフォーマル・アセスメントも実施することが可能かもしれない。

発達障害のアセスメント実施の担い手は，日本では特に細かく定められてはいない。本書でこれまで述べてきたことから，心理職のみに任される仕事ではないことはおわかりいただけると思う。地域の医療と福祉の関係，教育委員会の姿勢，地域独特の文化など，さまざまな要因が影響し合っているため，全国で統一した形を示すことは不可能なのかもしれない。実際には，誰がアセスメントに関わっていようが，データ収集や分析，支援へのつながりが適切になされていれば問題はないのである。学位や肩書きは，必ずしも発達障害当事者へのサービス提供の質を保証するものではない。現在の問題はむしろ，発達障害支援に関係する機関や職員の専門性が曖昧になってしまっていることではないだろうか。

　現在，発達障害の支援に関わる機関は，公共，民間の違いに関わらず，全ての機関名をすぐに挙げることが困難なほど，実にさまざまな名称がつけられて存在している。しかし，それぞれの機関の専門性が活かされたサービスが，発達障害当事者やその家族に提供されているかについては疑問である。別の言い方をすれば，支援機関が本来専門としていない領域までカバーしなければならない，またはそうするのが当たり前になっている現状となっている。

　学校はその点において顕著な例と言える。学校において，合理的配慮を中心に特別支援教育のサービスがあることは当然であり，それは学校が専門機関としてそのような機能を持つことが決められて，設置されているからである。このサービスはあくまでも教育的サービスであり，当事者の日常生活全てをカバーするものではない。しかし実際には，学校は「よろず屋」的な機能を強いられいていると見られてもおかしくない状況にある。例えば，子どもが学校や家庭で不適応を起こしている場合，医療や福祉機関にうまくつながらなければ，学校が当事者である子どもとその家族の問題解決を一手に引き受けざるを得なくなるケースは稀ではない。学校教員は教員免許を取得しているし，特別支援学校教諭の免許を取得している教員も普通学校で増加してきている。しかし，彼らが受けてきた教員養成課

程は教育的サービスが中心であり，発達障害支援関連にしても，あくまでも教育の範疇である。つまり，学校にとって教育的サービス以外のサービスは専門外であり，不得意なのは当たり前で，そもそも専門外のサービスを提供したとしてもプロではないので責任は取れないはずである。

　同様のことは他機関にも言えることである。デイサービスなどの福祉機関では，さまざまな関連機関の中軸，いわゆるコーディネーターとして機能せざるを得ないところもある。さらに，複数の支援機関がそれぞれ独立したサービスを一人の当事者とその家族に提供しているケースもある。セカンドオピニオンを得るための措置ではなく，とりあえずいろいろな機関につながっていた方が安心であるという理由ならば，これはかえって逆効果である。

　筆者は日本に帰国してから，機会があるごとに「餅は餅屋」であるべきを提唱している。筆者が関わっていたアメリカの発達障害支援では，完全な分業制とまではいかないまでも，自身の専門性を日本よりははるかに強くアピールする必要があったし，また，そのようなサービス提供が適切と受け止められていた。例えば，日本でも現在最もニーズ性の高い職種の一つであるソーシャルワーカーは，当事者や家族とそれぞれの支援機関の間に立ち，円滑なサービス提供ができるような働きをしていた。彼らがやることは検査やセラピーではなく，家庭生活との関わりであり，ソーシャルワーカーがそのような仕事をしてくれるおかげで，筆者はアセスメントの実施，支援のコンサルテーションという自身の専門性を活かした仕事ができた。また，学際的チームで当事者に対応することが多かったのだが，チーム内では「それは私がやるべき仕事」「それは私の専門ではない」などとはっきり言い合える雰囲気であった。責任を持って任務を遂行しなければならないプレッシャーはあったが，何でもやらなければならないといった理不尽さを感じることはなかった。

　おそらく，日本の発達障害支援はその拡充に力を注いできた反面，各地域に相応の専門領域が揃っているような体制整備が後回しになり，地域に

ある機関や専門家が無理をしてでもその守備範囲を広げざるを得なくなり，結果的に多くの機関が発達障害関連であれば一応何でも対応可能な現状に導いてしまったのではないだろうか。

　アセスメントや支援は，専門的知識とスキルを有する者が実施するべきであることは本書の始めのあたりで触れているが，さまざまな支援サービスが関連機関でオーバーラップしている現在，一度サービスの区分けを明確にすることは回り道ではないだろう。包括的アセスメントの効果的実践には，まさにチームを構成しているメンバーそれぞれの専門性が十分に発揮され，またそれらが結束できるような体制が理想である。できる限り，一人の専門家が全てを担ってしまっているケースは減らしていきたい。

第 5 章　包括的アセスメントの実践
──事例の紹介──

紹介する事例について

　ここに挙げる事例は，実際のアセスメント結果をもとにはしているが，フィクションである。個人の特定を防ぐことはもちろん，本書をまとめるにあたって筆者の意図的な操作が加えられていることをご了承いただきたい。

　また，本書で述べてきた包括的アセスメントの「包括性」が目立つように紹介するために，これら事例はすべて，筆者の所属機関にアセスメントの依頼が来た事例という設定にした。つまり，特定の教育や福祉機関で行われるアセスメントとはやや異なる点があるかもしれない。すでに実施中の支援プログラムに沿った形でのアセスメントというよりは，対象者の現在の特性を把握し，現状と将来に向けた支援計画策定につなげていくための包括的アプローチというシナリオで統一した。実際にこのようなケースは，相談機関などでは来所当時や，ライフステージ移行時のアセスメントとして実施されていることと思う。

　一方，多くの教育・福祉機関では，入学・入所時や特別支援の必要性を検討する時に，機関職員からの薦めによることもあるだろうが，形式的には対象者の保護者が包括的アセスメントを専門機関へ依頼し，その結果をケース会議などで検討するといった関わりになろうかと思われる。または教育・福祉機関の職員が，包括的アセスメントを実施するチームの一員として，フォーマルおよびインフォーマル・アセスメント実施者の役割を担うこともあるだろう。先にも触れたが，特にインフォーマル・アセスメン

トは，対象者に日常関わっている機関のスタッフが実施することが最も適していることを再度お伝えしたい。

　包括的なアプローチをすることの最大の利点は，さまざまなアセスメント結果を総合的に分析することが可能であること，さらに，対象者の日常生活において広範囲にわたる支援につなげやすいことにある。この，個々のアセスメントの結果報告・所見から支援計画につなげるプロセスは，次に紹介する事例の中では「支援に向けて」の項にあたるが，全てのアセスメントおよび支援関係者が共有すべき部分である。ここでは，一連のアセスメントの結果を総合的に考察して，対象者の特性，現状，強み，課題等を確定した上で，その時点で考えられる支援の方向性をある程度定めていくことを目指す。

　アセスメントがいくら「包括的」といっても，実施や検討に数ヶ月もかかってしまうような膨大なプロジェクトにするのは避けたい。当事者や家族，支援者へのフィードバックはなるべく早い方が良い。例えば検査の実施からフィードバック，さらに支援開始までの時間がかなり開いた場合，当事者の様子や環境が変わってしまっている可能性もある。特に，成長が早い乳幼児期や小学校期には注意したい。そのためには，それほど多くの検査を実施する必要はないし，長々と詳細な所見やその他の書類を作成しなくても良い。以下の事例を見ておわかりになると思うが，筆者は実際のアセスメントにおいても，だいたいこのくらいの規模で報告を終わらせている。また，これらは実施者一人の単独作業ではなく，複数のスタッフによる共同作業の成果である。くれぐれも，「包括的アセスメント→支援」の形はチームワークによって実現可能であることに留意願いたい。つまり，アセスメント実施にあたっては，何はともあれチームづくりを最優先したい。

📝 幼児の事例

本児のアセスメント時の年齢は4歳11ヶ月であり，幼稚園の年中組であった。幼稚園の先生からあまりに落ち着きがないことを指摘され，2歳上の兄がASDの診断を受けていることもあって，アセスメントを受けることにした。

☑ アセスメント結果

PARS-TR

幼児期ピーク得点	15（カットオフ9以上）
児童期得点	13（カットオフ13以上）

両方の得点はカットオフを超えているので，検査結果からはASDの特性を有することが強く示唆される。

WPPSI-III

本児に実施した結果は以下の通りである。検査の進行を妨げるような行動は見られなかった。

全検査IQ（FSIQ）　101

言語理解指標（VCI）　107	知覚推理指標（PRI）　121

認知機能は全体的に平均域と言える。知覚推理指標のスコアは「高い」範囲にあり，本児にとってのいわゆる「強み」である。図形を分解，または構成することは得意である。言語のやりとりは概ね年齢相応である。自分が知っている言葉であれば自信を持って使うことができる一方，抽象的，または曖昧さが含まれるような言葉のやり取りを嫌う傾向が見られた。

Vineland-II

母親に面接をした結果は以下の通りである。

適応行動総合点（ABC）　72		

コミュニケーション（COM）　74		
受容言語　7	表出言語　11	読み書き　16

日常生活スキル（DLS）　63		
身辺自立　7	家事　10	地域生活　11

社会性（SOC）　71		
対人関係　11	遊びと余暇　11	コーピング　10

運動スキル（MOT）　96	
粗大運動　13	微細運動　16

不適応行動指標　20	
内在化問題　20	外在化問題　18

重要事項
・ものや行為にこだわる（ピタゴラスイッチ）
・前後に繰り返し体を揺らす
・何年経っても変わった情報を細部まで覚えている

　運動スキル領域は平均域であるが，それ以外の領域は全て「やや低い」，または「低い」範囲にある。コミュニケーション領域では受容言語の低さが顕著であり，特に普段の生活で指示を聞いて実行することに課題が見られる。日常生活領域では，特に歯磨き，洗顔，入浴など衛生関連のスキルに課題が見られ，年齢相応のレベルに達していないことが示唆される。社会性領域では，領域得点は平均よりも 2 標準偏差低いボーダーラインにあるが，全ての下位領域には「やや低い」範囲にありほぼ同レベルであった。他児とのやりとりにそれほど顕著な相違が見られるわけではないが，場に適した態度や行動，また感情コントロールに課題が見られた。

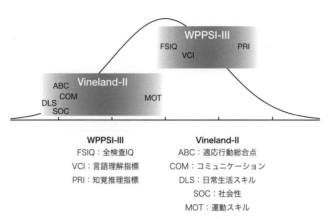

	WPPSI-III		Vineland-II
	FSIQ：全検査IQ		ABC：適応行動総合点
	VCI：言語理解指標		COM：コミュニケーション
	PRI：知覚推理指標		DLS：日常生活スキル
			SOC：社会性
			MOT：運動スキル

図 5-1　幼児の事例：認知機能と適応行動の対比

　不適応行動領域では，内在化問題，外在化問題それぞれのスコアは「や
や高い」位置となった。内在化問題では，アイコンタクトの不足および情
緒の不安定が指摘され，外在化問題では，集中や落ち着きに関する問題，
また顕著な衝動性が指摘された。

　図 5-1 では，WPPSI-III と Vineland-II の標準スコアを視覚的に対比し
た。

感覚プロファイル

　母親が記入した SP の結果は以下の通りである。

象限

低登録	非常に高い	感覚探求	非常に高い
感覚過敏	高い	感覚回避	高い

セクション：感覚処理

聴覚	高い	視覚	平均的
前庭覚	非常に高い	触覚	高い
複合感覚	非常に高い	口腔感覚	高い

110

セクション：調整機能

耐久性・筋緊張に関する感覚処理	非常に高い
身体の位置や動きに関する調整機能	平均的
活動レベルに影響する運動の調整機能	非常に高い
情動反応に影響する感覚入力の調整機能	高い
情動反応や活動レベルに影響する視覚の調整機能	非常に高い

セクション：行動や情動反応

情動的・社会的反応	高い
感覚処理による行動のあらわれ	非常に高い
反応の閾を示す項目	高い

　4象限の結果を見ると全体的に平均よりも高い結果となっており，本児の感覚処理の特異性を示唆している。特に，高閾値，つまり本児が「気づく」にはより大きな刺激が必要である鈍麻性や，特定の感覚刺激を求める探求傾向の強さがわかる。低登録は鈍麻性を示唆するが，本児の場合はより協調運動の問題が含まれている。しかし，日常生活で妨げとなるような不器用性は見られない。強い探求傾向は前庭覚，つまりバランス感覚を求める行動として見られる。雑音に妨げられる，探し物が見つけにくい，運動中のアクシデントなどは，感覚処理のアンバランスの可能性もあるが，強い不注意性や衝動性の影響も少なくないと思われる。また，高いストレス傾向は本児が安定する刺激が環境において得られない（動きたいのに座らせられるなど）ことによるものと捉えられるが，社会性関連の課題の影響も同時に考えられる。

インフォーマル・データ

　幼稚園での本児の様子を数回に分けて観察し，また担任教員から日常の様子について聞き取りをした。また，家庭での様子はインテークやPARS-TR および Vineland-II 実施時に母親から聞き取りをした。本児の

支援に関わると思われる主なポイントを以下にまとめた。

身辺自立

- 歯磨き，風呂，着替えなどの習慣がついてない

- 歯磨きや着替えは途中で他のことをやり始める

- 入浴時自分で洗う，体を拭くなどは一切しない。保護者の助けを拒否するわけではない

遊び

- 幼稚園や家庭では，他に促されない限りは「ピタゴラスイッチ」的コース作成に没頭

- 本児が関わっている遊びに他児が加わることに対しては歓迎も拒否もない

- 同じ箇所を他児と共同で作成することはない

- 自分は完成と思っていないのに他児が転がすのを始めると激怒する

運動系の遊び

- 体を動かすことは嫌いではないが，協調性は低い

- 鬼ごっこなどには参加するが，すぐ捕まるので先生にくっついていることが多い

- リトミックなどの時間は途中でやめて眺めていることが多い

ふるまい

- 落ち着きが見られない

- 常に体を揺らしている

- 自分の好きなもの以外，じっと座って話を聞く場面ではほぼ 1 分以内で立ち上がる

- 自分が好きなものについては，じっと聞いているのではなく，勝手に自分でコメントしながら聞いている

指示の聞き方

- 指示が通らない
- 保護者や先生のワンステップ指示に従うことは5割程度
- 2ステップ指示はできたことがない。できても片方の指示のみ

感情の不安定

- よく泣く
- 癇癪はないが，自分思った通りにいかないことが少しでもあると瞬間に泣く
- 泣いても長く引きずらない。長くても5分ほど泣いたら普段の状態に戻る

支援に向けて

　本児の認知機能は平均域であり，身体面・心理面の発達において顕著な問題は現時点では見られない。一方，不注意や衝動性に関わる問題は確かに存在している。知能検査など，本児に直接実施する標準化検査では，これらの側面がスコアに影響していることも考えられる。教育・福祉現場で実践可能な支援として，これらの問題について支援者側が本児をコントロールするというよりは，本児が周りを理解しやすい状態にすることと，これらの問題を引き起こす要因にアプローチすることが考えられる。そこでまず，以下の2点を支援に加えることを勧める。

- 指示や説明はなるべく短くする。必要なら適宜スモールステップに分割して一つ一つ解決していく形をとる。理解が難しい2ステップに挑戦するよりは，わかる1ステップの指示を継続し，本児が指示に従える回数を増やす。
- 感覚探求傾向が強い場合，特定の刺激が不足すると不安定になる。本児の場合，体を動かすこと，特にバランス感覚（前庭覚）を取り入れた遊びの時間を1日のスケジュールに組み込むことで，探求刺激の供給を安

定させる。また必要に応じて，朝の会や読み聞かせなど，座って聞くことが求められる時間の前にそのようなアクティビティを入れてみる。

次に，現時点での早期支援が必要と思われる課題は，入浴や歯磨きなどの身辺自立スキルである。この年齢では，保護者による補助や仕上げはまだ必要と思われるので，完全に一人でできなくても良いが，少なくとも着替え，歯磨き，そして入浴の時間はルーティン化すると良いだろう。また，これらを行っている最中に他のことに注意が向いてしまい，途中でやめてしまったりその場を離れてしまったりすることに対しても，何らかの支援は必要と思われる。

- 着替え，歯磨き，入浴の時間は毎日同じ時刻とする。また，着替えの場所も指定する。
- これら身辺自立関連の作業を促す歌やアニメ，タブレット機器のアプリケーションなどを利用する（例：着替えの歌，歯磨きアプリなど）。

現時点では，喫緊の介入を必要とする問題行動はなく，情緒の不安定さは見られるが日常生活に顕著に影響してはいない。まずは家庭と幼稚園において，上記に関する支援を実践してみる。指示が通らないことは，周りの情報も十分に取り入れられていない可能性も高い。支援によって自分がやるべきことがわかり，うまくできれば成功体験にもなるし，保護者や教師からの注意も減少し，逆に称賛は増加するだろう。本児の現発達段階では，楽しく毎日を過ごすことを最優先すべきであり，ふるまいのコントロールよりは安定状態を保持するアプローチが望ましい。

📝 小学生の事例

アセスメント実施時点で1年生であった本児は，幼少から感覚過敏が顕

114

著であり，特に他者からの予測できない接触に攻撃的に反応し，学級での
トラブルやパニックが頻発することが続き，保護者からアセスメントの依
頼があった。医師から ASD および ADHD の診断を受けているが，特性
把握およびそれに対する具体的支援はされていない状態であった。

　本児に実施した結果は以下の通りである。検査中，検査者の関わりには
笑顔で対応し，注意散漫，疲労，拒否などの問題行動は一切見られなかっ
た。

全検査 IQ（FSIQ）　134

言語理解（VCI）　119	知覚推理（PRI）　118
ワーキングメモリー（WMI）　139	理速度（PSI）　127

　全ての合成得点は平均域より高い位置にあり，全検査 IQ は平均よりも
2 標準偏差高い位置にある。合成得点間，またそれぞれの合成得点を構成
する下位検査間での統計的差異は見られるが，ほぼ全てが平均域上位以上
であり顕著な知的能力の偏りを示すものではない。下位検査で唯一平均域
の下位にあったのは「絵の概念」であったが，抽象的推論は本児において
は他の領域と比べて若干弱みと言えるかもしれない。

Vineland-II
　母親に面接をした結果は以下の通りである。

適応行動総合点（ABC）　67

コミュニケーション（COM）　90

受容言語　13	表出言語　12	読み書き　17

日常生活スキル（DLS）　65

身辺自立	3	家事	10	地域生活	16

社会性（SOC）　63

対人関係	11	遊びと余暇	5	コーピング	12

運動スキル（MOT）　67

粗大運動	7	微細運動	13

不適応行動指標　20

内在化問題	21	外在化問題	19

重要事項

・何年経っても変わった情報を細部まで覚えている

　平均域であるコミュニケーション領域を除いた他の領域の標準スコアは，全て低い範囲となった。それら日常生活スキル領域，社会性領域，運動スキル領域の標準スコアは65前後と領域間で顕著な差は見られないが，それぞれ領域内の下位領域間では顕著な差が見られた。日常生活スキル領域においては，身辺自立のスコアが極端に低く，これは衛生関連のスキル未獲得というよりは顕著な感覚過敏の影響であることが，インタビュー時の情報から推測された。社会性領域では，対人関係およびコーピングにおいて，他者の気持ちを理解すること，それを踏まえて自分の行動を調節することに困難が多少なりともあることが示唆される。この領域での顕著な課題は遊びと余暇であるが，Vineland-IIでは他者との遊びを中心としてスコアリングするため，本児においては他児との遊びが皆無ではないが，物の共有や交替が日常的にうまくできていないことがわかった。運動スキル領域では，粗大運動に問題が見られ，特に協調運動の困難性が示唆された。

　不適応行動の領域では，総合的に平均よりもやや高い結果となった。内在化問題は平均よりも高い結果であり，特に不安を中心とした情緒不安定，保護者への過度の依存が報告された。外在化問題はやや高いレベルではあったが，かんしゃくや衝動性，特に大人に従うこと，思ったことを口

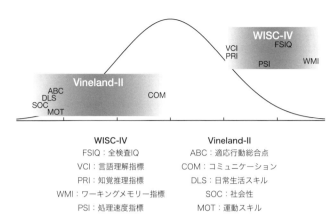

図 5-2　小学生の事例：認知機能と適応行動の対比

WISC-IV
FSIQ：全検査IQ
VCI：言語理解指標
PRI：知覚推理指標
WMI：ワーキングメモリー指標
PSI：処理速度指標

Vineland-II
ABC：適応行動総合点
COM：コミュニケーション
DLS：日常生活スキル
SOC：社会性
MOT：運動スキル

に出してしまうことが指摘されている。

　図 5-2 では，WISC-IV と Vineland-II の標準スコアを視覚的に対比した。

感覚プロファイル

　母親が記入した SP の結果は以下の通りである。

象限

低登録	非常に高い	感覚探求	平均的
感覚過敏	高い	感覚回避	非常に高い

セクション：感覚処理

聴覚	高い	視覚	高い
前庭覚	平均的	触覚	非常に高い
複合感覚	高い	口腔感覚	高い

セクション：調整機能

耐久性・筋緊張に関する感覚処理	非常に高い
身体の位置や動きに関する調整機能	平均的

活動レベルに影響する運動の調整機能		非常に高い
情動反応に影響する感覚入力の調整機能		非常に高い
情動反応や活動レベルに影響する視覚の調整機能		高い
セクション：行動や情動反応		
情動的・社会的反応	非常に高い	
感覚処理による行動のあらわれ	高い	
反応の閾を示す項目	平均的	

　4象限の結果から全体的な感覚処理特性を見ると，低閾値の象限，つまり過敏傾向を示す感覚過敏および感覚回避が平均よりも高い相違を示しており，本児にとって嫌いな刺激が日常的に存在し，またそれによって行動やふるまいにネガティヴな影響があることが示唆される。また，低登録にも顕著な特徴が見られるが，これは主に協調運動関連の困難性によるものである。

　最も顕著な過敏傾向が見られる領域は触覚であり，特に自分が予測できない触覚刺激を嫌う。象限において感覚過敏よりも感覚回避の方が高い傾向を示しているのは，突然の触覚刺激を受けないような行動パターンが本児において確立されていることを示唆する。

　また，体全体の動きの硬さ，力の弱さ，耐久性の低さなどが報告されており，それらが調整機能のセクションで高い傾向となっている。本児に発達性協調運動障害（DCD）の診断はないが，学校は特に，運動に関する日常生活上の困難性は本児の支援を計画する上で含むべき課題と言える。偏食傾向も示唆されているが，これは味覚や触覚によるものか，本児独特の固執性によるものかの見極めが必要である。現時点では，できる限り合理的配慮をしているため，学校の給食時に困ることほぼないようである。

　情動関連のセクションの結果が高い傾向を示しているが，感覚処理特性のみならず，社会性などその他の要因も含んだ環境適応の困難が考えられる。つまり，各要因に対するストレス対処よりも，より全体的なアプロー

チが効果的と思われる。

　読み書きスクリーニング検査（STRAW）において，平仮名の書字およ
び音読の正確性の検査結果は100％であった。また平仮名，片仮名，文章
における読みの流暢性についても年齢相応以上のレベルであった。

インフォーマル・データ

　小学校での本児の様子を数回に分けて観察し，また担任教員から日常の
様子について聞き取りをした。また，家庭での様子はインテークおよび
Vineland-II 実施時に母親から聞き取りをした。本児の支援に関わると思
われる主なポイントを以下にまとめた。

食事

- 偏食がひどく，白米とふりかけがほとんどである
- 給食は全く食べられないメニューもあるので，あらかじめふりかけを混ぜたお
  にぎりを持参させている
- 食べる量は年齢相応と言える

衛生関連

- 手洗い，歯磨き，入浴など全ての衛生関連の作業を嫌う
- 基本的に母親が押さえつけて行っている
- 口をすすぐことはできるが，うがいはオエっとなる

言語

- たまにではあるが吃音傾向があり，発言時につまづくことがある。そのことに
  ついて他児から指摘されることはないが，本児は気をつけてしゃべるようにし
  ていることを母親には言っている

学習面

- 学校，家庭とも勉強は積極的に取り組んでいる

- 学力に関しては学級内でも上位にある

- わからないクラスメートには率先して教えている

運動

- 本児は気にしてはいないが，顕著な運動の不器用さが見られる

- 動き回る遊びや体育の時間では，応援役に徹することが多い

- 運動する機会を嫌ってはいない

- 廊下などで突然走り出すことがあるが，方向や速さの調整不足のために他者に ぶつかったり，物や壁にぶつかったりすることがある。これまでに主だった怪 我はない

社会性

- 問題ができていなかったり，落とし物があったりなど，目に見える形での他者 のトラブルには進んで助けに行く。一方，イライラや悲しみなど表情を読み取 る必要がある他者の状態については気づかずに一方的な関わりをする

- 相手が助けを望んでいるのかを判断することなく手を出して，かえってケンカ となることも少なくない

- 複数人が近距離に集まっている状態をひどく嫌い，また他児からのスキンシッ プや意図しない接触に過剰反応し，殴ったり蹴ったりしてしまうことがある

情緒面

- 基本的にトラブルさえ起こらなければ，楽しく過ごしている

- 周りの人が予測できない状況でイライラしたり，泣いたりすることがある

- 学校でのトラブルがケンカになってしまった時は，帰宅後母親に反省の弁を述 べ，泣くことが多い

🤝 支援に向けて

　本児は平均よりも顕著に高い認知機能を持っており，学習に関しても意欲的で高い成績レベルを示している。しかし生活適応に関しては，感覚過敏，こだわり，独特の社会性などが複雑に影響していることによって，家庭と学校両方の環境でさまざまな問題が生じている。支援アプローチを考える現時点で中心とすべきは，感覚処理の特異性および社会的手がかりへの対処であり，本児の生活環境での心理的負荷の軽減を目指す。また，学習面は本児にとっての強みであり，今後の学校生活で本児が最も成功体験を得やすい領域と言える。これらを包括的に捉えると，以下のような支援の方向性が考えられる。

- 入浴や歯磨きなど，過敏による衛生関連の課題については早急に介入する必要がある。まず，入浴は水やスポンジの接触を減らすためにお湯を張った浴槽の中で手を使って洗うことを試す。この時，母親ではなく，自分の手で体を洗うように促す。歯磨きも，歯ブラシの代わりに自分の指で歯に触れてみることから始める。
- 学校において，グループ学習時など児童が自由に動ける設定の場合は，まずは本児を指定の椅子に座らせるなど，予期せぬ他児との接触を減らす工夫をする。
- クラス全体で，自分の思っていることは他者からは見えないことを学習する。つまり，見えない感情は口頭で伝えることが必要であり，自分が望まないことを他者からされた場合には，口に出して言うことを促す。これらをゲーム形式にしても良い。
- 可能ならば，複数人で行う学習や作業時に，教師が本児と他児の社会的やりとりを口頭で解説すると良い。つまり，「Aくんが今やったのは，次にBくんがやりやすいかなと思ってたからだよね？」など，目に見えない社会的な動きをなるべく具体化する。

- 得意な教科では，教師のサポート役をお願いする。つまり，教師が他児への関わり方をスーパーバイズする形で，本児が他児を手助けする機会を設ける。
- 偏食については，無理に矯正しようとせず，本児が食べられるものを楽しくみんなと食べられるようにする。栄養面で極端な偏りが生じていないかについては，主治医に要相談。
- 運動の不器用さについては，今後体育や外遊びの場面を観察し検討する必要がある。本児が望まない限り，無理に運動クラスなどに入れることはしない方が良い。食事の支度，掃除や買い物などを手伝うことで，生活に必要な協調運動を学べる機会は得られる。日常生活スキルの学習と向上にも役立つので，少しずつでも良いのでお手伝いは取り入れていきたい。

中学生の事例

　対象は中学3年生の女子である。アセスメントを行ったのは夏休み明け直後であった。本生徒には，学校においてこれまで目立った問題はない。小学生の時，コミュニケーションや対人関係の少なさ，学校の成績の低さを母親が気にして知能検査を実施したが，70以下のスコアが見られなかったので検査実施者からは「問題ない」と言われた。中学校に進学した際，保護者から特別支援の要請をしたが「様子を見ましょう」と言われ，1年生は通常学級で過ごした。特に英語と国語の成績の低さが顕著であったため，保護者が再び特別支援を要請したところ，2年生に進級した際にこの2教科に限って個別指導が始められた。この指導体制は，アセスメントを実施した時点まで継続していた。現時点では，成績全般が低いこと以外は特に学校で問題は見られないが，進学は農業科のある高校を希望しており，また寮生活が必須となるため，包括的なアセスメントを実施して将来的な支援の方向性を考えることとした。

PARS-TR

幼児期ピーク得点	15（カットオフ9以上）
思春期・成人期得点	15（カットオフ13以上）

　幼児期ピークの得点はカットオフを超えており，検査結果からはASDの特性を有することが示唆される。

WISC-IV

　本生徒に実施した結果は以下の通りである。

全検査IQ（FSIQ）　83	
言語理解（VCI）　72	知覚推理（PRI）　102
ワーキングメモリー（WMI）　88	処理速度（PSI）　86

　全検査IQは平均の下の範囲ではあるが，各群指数の標準スコアは平均から2標準偏差下の境界から平均域まで広範囲であり，全ての領域について単一の評価でまとめることはできない。知覚推理は本生徒にとっての強みであり，図形などの規則性の理解や論理的思考は平均域と言える。また，聴覚的記憶も平均の範囲に留まっていると考えられる。一方，処理速度の結果は，授業時の板書書き写しなどが他生徒と比べて遅くなる傾向を示唆している。言語理解は合成得点の中で最も低い結果となり，本生徒にとっての弱みと言えるが，言語理解，言語表出，常識的知識や理解などに課題が見られる。学校や家庭において人の話を聞いたり，友達以外の人と会話をする際に曖昧な頷きや，ぼんやりした対応がよく見られる要因の一つと考えられるだろう。

Vineland-II

　母親に面接をした結果は以下の通りである。

適応行動総合点（ABC）　54		
コミュニケーション（COM）　40		
受容言語　8	表出言語　7	読み書き　8
日常生活スキル（DLS）　73		
身辺自立　11	家事　12	地域生活　11
社会性（SOC）　77		
対人関係　11	遊びと余暇　16	コーピング　9
不適応行動指標　15		
内在化問題　14	外在化問題　16	
重要事項		
・何年経っても変わった情報を細部まで覚えている		

　全ての領域で平均よりも低い傾向を示しており，適応行動総合点の水準
では適応行動関連の支援が必要であることを明確に示している。コミュニ
ケーションは本生徒にとっての弱みであり，言葉のやり取りや読み書きな
ど，この領域では全般的に日常生活上の課題が存在していることを示して
いる。日常生活スキルでは，普段母親に頼ることが多い傾向が，低い結果
となった要因の一つと考えられる。健康管理や身だしなみ，外出などにお
いて，自主的行動が日常的に見られない。社会性については，他者との付
き合いは決して得意ではないが，少人数ながらも友人関係が安定している
ことによって，全体的に見て一番高い領域得点となった。ここでは，自分
から関わっていくこと，気持ちのコントロール，予測的判断に課題が見ら
れる結果となった。

　不適応行動の全ての得点は平均域にあり，問題は見られなかった。独特
の記憶パターンの存在が示唆されているが，このこと自体が日常生活に影
響しているわけではない。

　図5-3では，WISC-IV と Vineland-II の標準スコアを視覚的に対比し
た。

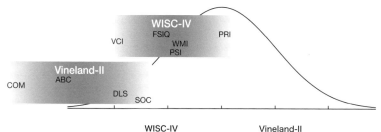

図5-3　中学生の事例：認知機能と適応行動の対比

WISC-IV	Vineland-II
FSIQ：全検査IQ	ABC：適応行動総合点
VCI：言語理解指標	COM：コミュニケーション
PRI：知覚推理指標	DLS：日常生活スキル
WMI：ワーキングメモリー指標	SOC：社会性
PSI：処理速度指標	

感覚プロファイル

母親が記入した SP の結果は以下の通りである。

象限

低登録	高い	感覚探求	平均的
感覚過敏	平均的	感覚回避	高い

セクション：感覚処理

聴覚	平均的	視覚	平均的
前庭覚	平均的	触覚	平均的
複合感覚	平均的	口腔感覚	平均的

セクション：調整機能

耐久性・筋緊張に関する感覚処理	高い
身体の位置や動きに関する調整機能	平均的
活動レベルに影響する運動の調整機能	高い
情動反応に影響する感覚入力の調整機能	高い
情動反応や活動レベルに影響する視覚の調整機能	平均的

セクション：行動や情動反応

情動的・社会的反応	高い
感覚処理による行動のあらわれ	高い
反応の閾を示す項目	平均的

本人が記入したAASPの結果は以下の通りである。

低登録	非常に高い	感覚探求	平均的
感覚過敏	平均的	感覚回避	平均的

　気づきにくさの指標である低登録の象限において，自己記入評価である
AASPでは非常に高い，保護者記入評価のSPでは高いという結果となっ
た。この結果から，自分のふるまいについての自己認知がある程度できて
いると推測される。気づきにくさは，口腔感覚（味覚・嗅覚），視覚，触
覚，聴覚など幅広い領域に見られる。また，耐久性や筋緊張の課題にも低
登録傾向が関与している。感覚回避は主に日中の動きの少なさが関係して
おり，これらの結果を総合すると，協調運動に関する課題が日常生活に顕
著に現れている可能性が考えられる。つまり，体を動かすことが苦手なの
で，じっとしていられる活動を好む傾向などである。

　本生徒にとっては，ぬいぐるみなど気に入った感触のものを触る，裸足
を好むなど，触覚関連の行動が安定につながると考えられる。情動関連の
結果がやや高い傾向となっているが，顕著な感覚特異性は見られないた
め，自分のペースに合わない環境によるストレスなどの影響が考えられ
る。

読み書きに関する検査

　読み書きスクリーニング検査（STRAW）において小学6年生レベルの
漢字で誤答が見られ，年齢相応では平均域であるが，本生徒の学年（中学
3年生）では漢字書字に問題があることが示唆された。また，読みの流暢

性に関する検査では，自身が知っている，日常使っている言葉からなる文章では流暢な音読が可能であったが，馴染みのない，また意味がわからない言葉を含む文章においては，流暢性に顕著な低下が見られた。

インフォーマル・データ

　中学校での通常学級および個別指導の様子を，数回に分けて観察した。また，担任教員から日常の様子について聞き取りをした。家庭での様子は，インテークおよび面接式検査実施時に母親から聞き取りをした。本生徒の支援に関わると思われる主なポイントを以下にまとめた。

成績

- 学校の成績は，小学校から現在に至るまで常に低い位置にある
- 勉強を拒否するわけではなく，宿題も自分なりにこなしてはいるが，評価点の向上にはつながっていない
- 本生徒自身，テストの点数や成績に関しては一切関心を持たない
- イラストを書くことが得意であり，美術関連の課題には積極的に取り組む

運動

- 体育は不得意である。体育系イベントの時は，常に応援側にいる
- 掃除や荷物運びなど，体を使う作業を嫌う
- 家庭では，ソファーや床に寝そべってゲームをしたり，ぬいぐるみを抱いていることが多い

社会性

- 小学校から中学校の現在に至るまで，顕著ないじめのエピソードはない
- クラスでは目立たない方で，話しかけられると曖昧な笑みとともに応答する
- どの学年においても２〜３人の親しい友達はおり，主にアニメ関係の共通した趣味を持っている
- 学校ではたいてい決まった友達と一緒にいて，放課後や週末も１〜２時間ほ

ど一緒に過ごすことが多い

- 家族以外の大人と話すことが苦手。学校でも養護教諭と個別指導担当の英語教諭以外とは親しく話さない

情緒面

- 日常は全般的におとなしい
- 喜怒哀楽が乏しいわけではないが，学校では基本的に感情を表に出さず，曖昧な笑いをすることが多い
- 家庭でもふだんはおとなしいが，両親やきょうだいに注意されたり，からかわれたりすると突然泣き出す。怒ったり，逆らったりすることはない

🤝 支援に向けて

　本生徒は，中学３年生の現在に至るまで特定教科の個別指導以外，特別な支援を受けてきたわけではない。これまでそれなりにやってこられたのは，家庭や学校環境で本生徒の特性とぶつかるところがほとんどなかったからと考えられる。しかし，中学卒業後は農業科のある高校進学を考えており，また高校生活は寮生活となるため，これまでとは全く異なる新しい生活環境が待っている。さらにその先を展望すれば，家庭（母親）中心の生活からの脱却が，現在考えられる支援で最優先されるべきものと思われる。また，本生徒の家族や，彼女をよく知っている教師や友人が当初はいないであろう新しい環境で，本生徒が受けるであろう困難のインパクトを，できる限り最小限にする対策も必要と思われる。

- 身づくろいや身の回りの整理，掃除・洗濯などの家事は，本生徒にとって学習可能なスキルである。これまでは母親に頼っていたが，高校に進学するまでの間，母親と一緒に楽しみながら，これらの日常生活スキルを学んでいくことが優先されるべきと思われる。なるべく手順を簡素化

し，スマートフォン上のアプリケーションなどを利用して具体的に視覚化されたスキルの提示を中心とする。

- 進学先の高校や寮には事前に数回訪問し，どのような環境で生活するのかを実際に見て，納得できるようにする。またその際に，校舎や寮の中をビデオ撮影し，家庭でも家族と自由に見られるようにする。
- 現在の中学校，また高校進学の際，教員側に伝えるべき配慮事項としては，以下の点が考えられる。
  - 授業などでは，話のスピードについていけなかったり，聞き逃しが多いことも考えられるので，プリントなど視覚的にも把握できる教材を準備する。
  - 発言がたどたどしいこともあるので，そのような時には急がせずに本人のペースで話し終えることができるように配慮する。
  - 協調運動が苦手であると思われるので，体育や農作業など四肢を使う場面では，本人の限界を超えないように注意し，必要なら適宜休憩を取ることを促したり，定期的に休憩できるようにする。
  - 可能であれば，スクールカウンセリングなど定期的に相談の機会を設ける。
- 自分なりのリラクゼーション手段を見つけることは，将来的にも有効である。触って安心できるぬいぐるみなど，触覚系のリラクゼーションをまずは試行錯誤してみる。
- 新しい生活環境では，たくさんの友達をつくろうとせず，趣味の合う友達を一人でも見つけることを目標にする。「アニメ研究会」のような課外活動があるかもチェックする。

成人の事例

　アセスメント時の年齢は 30 歳 3 ヶ月の男性である。小学校時に ASD および ADHD の診断を受けているが，工業高校卒業まで特別な支援を学

校では受けていない。卒業後，コンピューター関連の専門学校を卒業した
が就労にはつながらなかった。高校在学時から地域の発達障害者支援セン
ターでの相談を定期的に継続し，専門学校卒業後は就業・生活支援セン
ターで就労関連のサポートを受けている。現在は，職場実習の形で週2〜
3回スーパーのバックヤードで働き，残りの日は地域活動支援センターを
利用している。

　グループホームや一人暮らしに向けた相談は，就業・生活支援センター
でこれまで継続的に行っているが，本人および家族が具体的に動くことは
なかった。家庭で両親から注意を受けたり，制限されたりすると人権侵害
を主張して怒るが，家庭から出て一人で暮らすことは将来の選択肢には
入っていない。

　本人の生活パターンは，仕事の内容や場所が変更されることはあって
も，基本的に約10年間変わっていない。アニメ鑑賞やフィギュア製作が
趣味であり，それらに費やす時間が最優先されて，睡眠時間の確保や家庭
での家事等の役割については，「優先することがあるのでできないのはあ
たりまえ」という理論であった。

WAIS-III

全検査 IQ（FSIQ）95

言語性 IQ（VIQ）91	動作性 IQ（PIQ）101
言語理解　107	知覚推理　106
ワーキングメモリ　85	処理速度　95

　全般的に概ね平均域の結果であった。視覚的情報処理は本人の得意とす
るところである。また，確実に仕事をこなす姿勢がうかがわれた。一方
ワーキングメモリの低さは，聴覚的情報処理の弱さを示唆している。日常
的なことがらや社会的ルールなどの意味は説明できるが，なぜかについて
は説明が不十分であった。表面的な理解が多いことは，日常生活において

本人が納得していることがらの少なさを意味すると思われる。

Vineland-II

　母親に面接をした結果は以下の通りである。

適応行動総合点（ABC）　39		
コミュニケーション（COM）　43		
受容言語　14	表出言語　6	読み書き　8
日常生活スキル（DLS）　55		
身辺自立　11	家事　5	地域生活　11
社会性（SOC）　53		
対人関係　8	遊びと余暇　6	コーピング　7
不適応行動指標　21		
内在化問題　21	外在化問題　20	
重要事項		
・物や行為にこだわる		
・一貫して人よりも物に興味がある（フィギュアなど）		
・奇妙な話し方をする		
・何年経っても変わった情報を細部まで覚えている		
・周囲で起きていることに気付いていない		
・一般的な音や物，状況などを過度に怖がる		

　全体的に標準よりも著しく低い結果となったが，特にコミュニケーション領域の低さが顕著である。受容言語は全ての下位領域の中で唯一平均域を示したが，低い結果となった表出言語との差は大きい。この結果は，普段のコミュニケーションが両親や支援者など他者からの指示を聞くことがほとんどで，自ら話すことが少ないことを表している。これは本人が話せないのでなく，日常生活で機能的な表出言語が見られないことを意味して

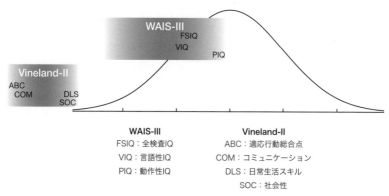

WAIS-III   Vineland-II

FSIQ：全検査IQ   ABC：適応行動総合点
VIQ：言語性IQ   COM：コミュニケーション
PIQ：動作性IQ   DLS：日常生活スキル
                              SOC：社会性

図5-4　成人の事例：認知機能と適応行動の対比

おり，実際本人の好きなアニメの話は，他者の意思に関わらず一方的に話すことが日常見られた。日常生活スキル領域では，家事が顕著に低く，同居している両親への具体的依存の高さが示されている。本人が家事スキルを獲得していないわけではなく，地域活動支援センターの調理イベントなどでは，むしろ率先的に調理技術を披露する面も見られる。社会性領域はすべての下位領域のスコアが示しているように，日常的な社会的関わりの少なさが課題となっている。また，予定変更に対する柔軟性の低さなど，自己調整の難しさも社会的活動の低さに影響していることがわかる。

　不適応行動の領域では，総合的に平均よりも高い結果であった。内在化問題は平均よりも高く，情緒不安定や保護者への過度の依存が課題であった。外在化問題はやや高いレベルを示し，かんしゃくや両親や支援者に逆らう傾向が報告された。

　図5-4では，WAIS-IIIとVineland-IIの標準スコアを視覚的に対比した。

感覚プロファイル

　母親が記入したSPの結果は以下の通りである。

象限

低登録	高い		感覚探求	高い
感覚過敏	平均的		感覚回避	平均的

セクション：感覚処理

聴覚	平均的		視覚	平均的
前庭覚	高い		触覚	高い
複合感覚	高い		口腔感覚	平均的

セクション：調整機能

耐久性・筋緊張に関する感覚処理	非常に高い
身体の位置や動きに関する調整機能	非常に高い
活動レベルに影響する運動の調整機能	高い
情動反応に影響する感覚入力の調整機能	高い
情動反応や活動レベルに影響する視覚の調整機能	平均的

セクション：行動や情動反応

情動的・社会的反応	非常に高い
感覚処理による行動のあらわれ	非常に高い
反応の閾を示す項目	平均的

本人が記入した AASP の結果は以下の通りである。

低登録	平均的		感覚探求	平均的
感覚過敏	平均的		感覚回避	平均的

　SP と AASP の結果には明らかな相違があり，本人記入の AASP はすべての象限で平均的となったことからも，自身の行動について自己認知が低いことが示唆される。SP の象限の傾向を見ると，低登録と感覚探求に平均よりも高い相違が見られることから，刺激に対して気付きにくい，また安定のためにより刺激を必要とする感覚処理特性が考えられる。一方，

嫌悪刺激の存在が日常生活に影響している可能性は低そうである。低登録の高さは，「耐久性・筋緊張に関する感覚処理」の結果が関係しており，鈍麻というより協調運動に課題が見られる。体全体を使う仕事が苦手である可能性が高い。また，「前庭覚」「触覚」「身体の位置や動きに関する調整機能」での回答を見ると，体を動かしたり，バランス感覚を取り入れること，また特定のものを触るという感覚探求行動があり，そのような行動をとることによって安定を得ている一方で，落ち着きがないと見られることもある。「情動的・社会的反応」「感覚処理による行動のあらわれ」のセクションでは情緒不安定や実行機能の課題が示唆されているが，感覚処理特性の影響というよりは，社会性や現在の生活環境におけるストレスなどが大きく関係していると思われる。

インフォーマル・データ

生活リズム

- 起床，就寝ともに定まっていない
- 生活スケジュールはアニメ番組の放送時間とフィギュア作成状況が中心であり最優先
- 自分であらかじめそれらを中心にスケジュールを立てており，それが家族および支援者からの指摘によってくずされると癇癪を起こす

家庭

- 自分のやっていることが邪魔されない限りは問題はない
- 食事の世話や洗濯・掃除など，母親が家事をするのは当然だと思っている
- このままの生活が継続すること以外の見通しは本人から聞かれなかった

衛生関連

- 入浴や歯磨きなどはルーティン化しており，問題はない
- 衣服はこまめに替えてはいるが，コーディネイトは一切しない

職場実習やセンターでのふるまい

- 自分から挨拶したり話しかけることはない
- 親しい支援者には唐突に自作のフィギュアを見せ，相手がそれについて話しかけるのを待つ
- 自分で納得しているスケジュールや作業については問題なくこなしている
- 作業中にアドバイスをされることを嫌い，場合によってはその場を立ち去ることともある

支援に向けて

　基本的に，発達障害特性を持つ人々への支援手段に年齢差はないと考える。つまり，特性の基本的メカニズムは年齢に従ってそれほどダイナミックに変化するのではなく，それよりも生活環境の変化と年齢相応の社会的期待の違いによって，支援手段のアレンジが必要になると思われる。しかし一方で，成人当事者への支援がそれ以前のライフステージと明確に異なる点は，ゆっくり様子を見る，スキル獲得や学習の過程を長期的にモニタリングすることがあまりできない。特にこのケースのように，両親と同居する本人は30歳を過ぎ，両親とも高齢期ですでに退職している場合，この生活環境を維持する条件下では支援の安定性が著しく低くなる。よって，なるべく早い家庭からの独立，具体的にはグループホームやサポート付きのアパート生活などへ生活環境を移行することが，支援の最優先と考える。

　本人が今の日常を維持したいと思っており，また自身で納得しない限りは行動に移さない傾向が強い場合，家庭から独立することを具体的に体験していくアプローチを試行してみる。支援の方向性として，以下のポイントを示す。

- グループホームなどへ週1泊の体験入居を勧める。本人が望むなら2泊

以上も試みる。

- 本人に対する両親の日常的介入を減らしていく。具体的に，食事や洗濯，自室の掃除など，両親と本人の家事を切り離す。そのために必要な生活費用は本人が管理することにするが，趣味などへの浪費が心配される場合には，両親ではなく支援員が管理のサポートをする。

- 自身の生活費がどのように消費されているのかを具体的に知る。パソコンに詳しく，専門学校で表計算ソフトの検定試験も受けているため，例えばエクセルを使って，障害年金受給，生活関連の出費，趣味への出費などを視覚的に表してみる。また，趣味は本人にとって遊びや余暇である概念はなく，生活に必須なものであるため，この概念を変えることなしに，趣味への出費を可能にするために何が必要かをパソコン上で具体的に認識する。

- 本人への支援と並行して両親との面談を定期的に行う。「子離れ」を具体的に促進するために，母親が家庭ですべき行動を面談時に支援者と一緒に協議し，チェックリストなどを作成・活用することによって日々確実に実践できるようにする。

引用文献

Achenbach, T. M., & Rescorla, L.（2000）. *Manual for the ASEBA preschool forms and profiles*. Burlington, VT: University of Vermont, Research Center for Children, Youth, & Families.

Achenbach, T. M, & Rescorla, L.（2001）. *Manual for the ASEBA school-age forms and profiles*. Burlington, VT: University of Vermont, Research Center for Children, Youth, & Families.

American Psychiatric Association（2013）. *Diagnostic and statistical manual of mental disorders*（5th ed.）. Washington, DC: American Psychiatric Publishing.（日本精神神経学会（監修）髙橋三郎・大野　裕（監訳）（2014）.　DSM-5 精神疾患の診断・統計マニュアル　医学書院）

Barnhill, G., Hagiwara, T., Myles, B. S., & Simpson, R. L.（2000）. Asperger syndrome: A study fo the cognitive profiles of 37 children and adolescents. *Focus on Autism and Other Developmental Disabilities, 15*（3）, 146-153.

Baron-Cohen, S., Wheelwright, S., Skinner, R., Martin, J., & Clubley, E.（2001）. The autism-spectrum quotient（AQ）: Evidence from Asperger syndrome/high-functioning autism, males and females, scientists and mathematicians. *Journal of Autism and Developmental Disorders, 31*（1）, 5-17.（若林明雄（日本語版構成）（2016）.　AQ 日本語版　自閉症スペクトラム指数　三京房）

Brown, C. E., & Dunn, W.（2002）. *Adolescent/Adult Sensory Profile*. San Antonio, TX: Psychological Corporation.（辻井正次（日本版監修）萩原　拓・岩永竜一郎・伊藤大幸・谷　伊織（日本版作成）（2015）.　日本版青年・成人感覚プロファイル　日本文化科学社）

Brown, L., Sherbenou, R. J., & Johnsen, S. K.（2010）. *Test of Nonverbal Intelligence*（4th ed.）. Austin, TX: PRO-ED.

Bruininks, R., Woodcock, R. W., Weatherman, R. F., & Hill, B. K.（1996）. *Scales of Independent Behavior-Revised*（SIB-R）. Chicago: Riverside.

Cain, M. K., Kaboki, J. R., & Gilger, J. W.（2019）. Profiles and academic trajectories of cognitively gifted children with autism spectrum disorder. *Autism, 23*（7）, 1663-1674.

Carlson, S. L., Hagiwara, T., Quinn, C.（1998）. Assessment of students with autism.

In R. L. Simpson & B. S. Myles (Eds.), *Educating children and youth with autism: Strategies for effective practice* (pp. 25-53). Austin, TX: Pro-Ed.

Coleman, M. R., Carradine, C., & King, W. (2005). Meeting he needs of students who are twice exceptional. *Teaching Exceptional Children, 38*, 5-6.

Conners, C. K. (2008). *Conners 3rd edition*. Toronto: Multi-Health Systems. (田中康雄（監訳）(2011). Conners 3 日本語版　金子書房)

Conners, C. K., Erhardt, D., & Sparrow, E. (1998). *Conners' Adult ADHD Rating Scales (CAARS)*. Toronto, Multi-Health Systems. (中村和彦（監修）染木史緒・大西将史（監訳）(2012). CAARS 日本語版　金子書房)

Crowell, R. (1967). A caution concerning the use of standardized tests. *Reading Horizons, 7*(3), 119-123.

Dunn, W. (1999). *The Sensory Profile*. San Antonio, TX: Psychological Corporation. (辻井正次（日本版監修）萩原 拓・岩永竜一郎・伊藤大幸・谷 伊織（日本版作成）(2015). 日本版感覚プロファイル　日本文化科学社)

Dunn, W. (2002). *Infant/Toddler Sensory Profile*. San Antonio, TX: Psychological Corporation. (辻井正次（日本版監修）萩原 拓・岩永竜一郎・伊藤大幸・谷 伊織（日本版作成）(2015). 日本版乳幼児感覚プロファイル　日本文化科学社)

Hagiwara, T. (2001-2002). Academic assessment of children and youth with Asperger syndrome, pervasive developmental disorders-not other specified, and high-functioning autism. *Assessment for Effective Intervention, 27*(1&2), 89-100.

Hagiwara, T., Cook, K. T., & Simpson, R. L. (2007). Assessment of students with autism spectrum disorders. In R. L. Simpson & B. S. Myles (Eds.), *Educating children and youth with autism: Strategies for effective practice* (2nd Ed.) (pp. 61-92). Austin, TX: Pro-Ed.

Harrison, P. L., & Oakland, T. (2015). *Adaptive Behavior Assessment System* (3rd ed.). Los Angeles: Western Psychological Services.

発達障害支援のための評価研究会（編著）(2018). PARS-TR 親面接式自閉スペクトラム症評定尺度 テキスト改訂版　金子書房

Inada, N., Koyama, T., Inokuchi, E., Kuroda, M., Kamio, Y. (2011). Reliability and validity of the Japanese version of the Modified Checklist for Autism in Toddlers (M-CHAT). *Research in Autism Spectrum Disorders, 5*(1), 330-336.

Kaufman, A. S., & Kaufman, N. L. (2004). *Kaufman Assessment Battery for Children—second edition (K-ABC-II)*. Circle Pines, MN: American Guidance Service. (日本版 KABC-II 制作委員会 (2013). 日本版 KABC-II　丸善出版)

Myles, B. S., Constant, J. A., Simpson, R. L., & Carlson, J. K. (1989). Educational assessment of students with higher-functioning autistic disorder. *Focus on Autistic Behavior, 4*(1), 1-13.

Nakai, A., Miyachi, T., Okada, R., Tani, I., Nakajima, S., Onishi, M., Fujita, C., Tsujii, M.

(2011). Evaluation of the Japanese version of the developmental coordination disorder questionnaire as a screening tool for clumsiness of Japanese children. *Research in Developmental Disabilities, 32,* 1615-1622.

National Center for Learning Disabilities. (2017). Snapshot of learning and attention issues in the U.S. Retrieved from https://www.ncld.org/wp-content/uploads/2017/03/1-in-5-Snapshot.Fin_.03142017.pdf (December 22, 2020).

Newland, T. E. (1973). Assumptions underlying psychological testing. *Journal of School Psychology, 11,* 316-322.

荻布優子・川﨑聡大（2019）．児童期における Rey-Osterrieth Complex Figure Test 成績と書字正確性の関係に関する探索的研究　奈良学園大学紀要（11），33-47.

Robins, D. L., Fein, D., Barton, M. L., & Green, J. A. (2001). The Modified Checklist for Autism in Toddlers: An initial study investigating the early detection of autism and pervasive developmental disorders. *Journal of Autism and Developmental Disorders, 31,* 131-144.

Roid, G. H. (2003). *Stanford-Binet intelligence Scales* (5th ed.). Itasca, IL: Riverside.

Satori, R. (2006). The bell curve in psychological research and practice: Myth or reality? *Quality & Quantity, 40,* 407-418.

Schrank, F. A., McGrew, K. S., Mather, N., & Woodcock, R. W. (2014). *Woodcock-Johnson IV.* Rolling Meadows, IL: Riverside Publishing.

Sparrow, S. S., Cicchetti, D. V., & Balla, D. A. (2005). *Vineland Adaptive Behavior Scales, Second Edition.* Minneapolis, MN, Pearson. (辻井正次・村上 隆（日本版監修）黒田美保・伊藤大幸・萩原 拓・染木史緒（日本版作成）(2014)．Vineland-II 適応行動尺度日本版　日本文化科学社)

辻井正次・鈴木勝昭・肥後祥治・萩原 拓・岸川朋子 (2014)．成人期以降の発達障害者の相談支援・居住空間・余暇に関する現状把握と生活適応に関する支援についての研究　厚生労働科学研究費補助金障害者対策総合研究事業平成 24～26 年度総括研究報告書

上野一彦・名越斉子・小貫 悟 (2008)．PVT-R 絵画語い発達検査　日本文化科学社

宇野 彰・春原則子・金子真人・Wydell, N. T. (2017)．改訂版標準読み書きスクリーニング検査　インテルナ出版

Wechsler, D. (2002). *Wechsler Preschool and Primary Scale of Intelligence-Third Edition.* Antonio, TX: Psychological Corporation. (日本版 WPPSI-III 刊行委員会 (2017)．WPPSI-III 知能検査　日本文化科学社)

Wechsler, D. (2003). *Wechsler Intelligence Scale for Children-Fourth Edition.* San Antonio, TX: Psychological Corporation. (日本版 WISC-IV 刊行委員会 (2010)．WISC-IV 知能検査　日本文化科学社)

Wechsler, D. (2008). *Wechsler Adult Intelligence Scale-Fourth Edition.* San Antonio, TX: Pearson. (日本版 WAIS-IV 刊行委員会 (2018)．WAIS-IV 知能検査　日本

文化科学社）

World Health Organization（1998）．*WHOQOL-BREF.* Geneva: World Health Organization.（田崎美弥子・中根允文（日本版監修）（2007）．WHO QOL26 手引 改訂版 金子書房）

おわりに

・・・・・・・・・・・・・・・・・・

　あとがきまでお読みいただき，感謝申し上げる。本書はこれまでの筆者が受けた教育や経験を基にまとめたものであり，発達障害のアセスメントや支援の定番と言えるものではない。本書の内容をどう受け取るかは，まさにコンシューマーである読者の自由である。それぞれの読者にとって，本書で紹介したことが一つでもお役に立つことがあったならば有難い。また，完璧なアフターサポートは本書の値段に含まれてはいないが，もし質問等があれば出版社宛にお寄せいただければ，できる限りお答えしたい。

　本書の内容は，筆者一人の研究と実践が身を結んだものではない。やはりアメリカでの教育と経験は，筆者が現在携わっている仕事の基礎であることは否めない。カンザス大学の博士課程で指導教員，またその後はボスであった，Dr. Richard Simpson および Dr. Brenda Myles には，この職業の明暗全てを教わった。さらに，本書で紹介した包括的アセスメントおよび支援につなげる実践は，筆者の勤務先である北海道教育大学旭川校特別支援教育分野における同僚，片桐正敏先生および蔦森英史先生とのチームワークの成果である。アメリカと日本という２つの文化圏で学び，経験を積むことが出来たことを振り返ると，筆者のキャリア形成は恵まれていたと改めて思う。

　本書を作成するきっかけを与えてくださった，金子書房の加藤浩平氏，また編集で大変お世話になった同社の二階堂はんな氏，木澤英紀氏に心より感謝申し上げたい。彼らのサポートなしには，筆者の拙い実行機能のみで本書を完成させることはできなかった。

　また本書は，JSPS 科研費 JP16K04804，JP20K02990 の助成を受けた研究成果が含まれている。

2020 年クリスマス　萩原　拓

著者紹介

萩原 拓（はぎわら・たく）
北海道教育大学旭川校教育発達専攻特別支援教育分野教授。立教大学文学部心理学
科卒業。米国カンザス大学教育学部特殊教育学科博士課程修了，Ph.D. (Special
Education)。米国カンザス大学教育学部特殊教育学科自閉症・アスペルガー症候群研
究プロジェクトコーディネーターおよび非常勤教員を経て，現職。ライフステージ
を通した，自閉症スペクトラム障害をはじめとする発達障害に関する研究，検査開
発，包括的アセスメントおよび支援，支援者・専門家養成に携わる。
おもな著書や翻訳に，『発達障害がある子のための「暗黙のルール」』（監修，2010年，
明石書店），『自閉症スペクトラムの青少年のソーシャルスキル実践プログラム』（監
修，2012年，明石書店），『日本版 Vineland-II 適応行動尺度マニュアル』（日本版作
成，2014年，日本文化科学社），『SP 感覚プロファイル』（日本版作成，2015年，日
本文化科学社），『AASP 青年・成人感覚プロファイル』（日本版作成，2015年，日本
文化科学社），『ITSP 乳幼児感覚プロファイル』（日本版作成，2015年，日本文化科
学社），『発達障害のある子の自立に向けた支援』（編著，2015年，金子書房）など。

発達障害支援につなげる包括的アセスメント

2021年4月20日　初版第1刷発行　　　　　　　　　　　　　　　　　［検印省略］

著　者　　萩原 拓
発行者　　金子紀子
発行所 株式会社 金子書房

〒112-0012 東京都文京区大塚 3-3-7
TEL 03-3941-0111(代)／FAX 03-3941-0163
振替 00180-9-103376
URL　https://www.kanekoshobo.co.jp
印刷／藤原印刷株式会社
製本／一色製本株式会社